AutoCAD

で学ぶ
建築製図
の基本

AutoCAD 2022 対応

Basics of architectural drafting with AutoCAD

鳥谷部 真 =著

JN090581

X-Knowledge

● 本書について

本書はパソコンの基本操作ができる方を対象としています。パソコンやOSの基本操作は、市販の解説書などを利用して習得してください。本書はWindows 10上で操作したAutoCAD 2022で執筆されています。第1章で建築製図のルール、第2章でAutoCADの基本操作、第3章でAutoCADの設定について解説しています。第4章から第6章で具体的な図面作成を行います。

● AutoCADについて

AutoCADはAutodesk社が開発・販売する汎用2D／3D CADです。建築・土木をはじめ、さまざまな分野で利用されています。オートデスク株式会社のホームページ (https://www.autodesk.co.jp/) から、30日間使用できる無償体験版がダウンロードできます。
なお、体験版についての質問は当社ならびに著者、開発元ではお受けできません。

参考価格　　　：AutoCAD 新規ライセンス　サブスクリプション1年間 71,500円（税込）
　　　　　　　　　※2021年8月現在の価格。本書刊行後に価格が変更されることがあります。
開発／販売元：オートデスク株式会社 https://www.autodesk.co.jp/

本書利用上の注意

■ 練習用データについて

　作図練習用の図面ファイルは当社ホームページからダウンロードできます（7ページ参照）。なお、これらのファイルを使用したことによるいかなる損害についても、当社・筆者・著作権者・データ提供者などの関係者は一切の責任を負いかねます。また、提供したファイルおよび関連データのサポートは一切行っておりません。したがいまして、これらのファイルおよび関連データのご使用については、個人の責任の範囲で行ってください。

■ 著作権・商標・登録商標について

　本書の内容および作図練習用の図面ファイルはすべて著作権上の保護を受けているため、本書の練習以外の目的で使用・複製・変更・譲渡・貸与・販売することを禁じます。

　AutoCADは、米国Autodesk,Inc.の米国および他国における商標または登録商標です。Windows は米国Microsoft Corporation の米国および他国における登録商標です。その他、本書に掲載されたすべての製品名、会社名などは、一般に各社の商標または登録商標です。

はじめに

本書はパソコン用CADのAutoCAD 2022を習得しながら、建築製図の基本を身につけるための参考書です。本書が対象としている方はAutoCADにはじめて接する方あるいは建築CAD製図とはどんなものかを知りたい方です。もちろん両方を目的とする場合でも役立つ内容です。

本書ではCAD独特の機能たとえばオブジェクトスナップとか相対座標を説明なしに使っていますが練習しているうちに意味がわかってくるものです。建築CAD製図については住宅という身近な題材を使っているので事前の勉強は必要はありません。AutoCAD 2022のユーザーでしたら7ページに記した方法で練習用データを入手したらすぐに練習を開始できます。AutoCADのユーザーでない方はAutoCAD 2022の体験版を入手してください。またAutoCAD 2022以前のユーザーもAutoCAD 2022の体験版の使用をお勧めします。というのはAutoCAD 2022から「トリムツール」と「延長ツール」の仕様が大きく変わりました。そして本書はこの両ツールを多用しているからです。

CADも建築CAD製図も実際に手を動かし体験してはじめて身に付くものです。本をいくら読んでも、他人が操作しているのを見ていても、話を聞いてもだめです。自分で手を動かさない限り理解さえできません。本書一冊でAutoCADと建築CAD製図のすべてがわかるというわけではありませんが、本書の練習にかけた時間分の経験を確実に得られます。そして次の段階に進める力を身につけられます。

本書で体験できるのは住宅の平面図・立面図・断面図の作成です。いずれも練習用として簡易化したものではなく、実務で作成するものと同じレベルの図面です。

本書の説明通りに操作すれば3枚の図面を作成できます。ただし1回だけではすぐに忘れてしまいせっかくの経験を役立てられません。ゆったりと時間をかけ楽しみながら繰り返してください。そうすれば少しずつですが身についてきます。本書の練習課題の一部に手順説明を省略している部分があります。最初は省略部分を飛ばしてかまいません。繰り返し練習で慣れてきたら飛ばした部分を自力で描いてください。

本書はなるべくたくさんの方々に建築CAD製図とCADのおもしろさを知ってほしいと思いながら書いた本です。ですから肩の力を抜いて気楽に練習をはじめてください。本書を卒業するころには人それぞれ違うこととは思いますが次に何をするかが見えてくるはずです。それまで本書とお付き合いしていただければと願っております。

2021年8月　鳥谷部 真

目　次

第7章●Appendix 209

カバー・デザイン：KINDS ART ASSOCIATES
DTP：トップスタジオ

練習用データについて

本書で使用する練習用データは、以下のエクスナレッジサポートページからダウンロードできます。

https://www.xknowledge.co.jp/support/9784767829296

または、エクスナレッジトップページ（https://www.xknowledge.co.jp/）の右上にある検索ボックスで「AutoCADで学ぶ建築製図の基本」を検索し、該当書誌をクリックします。書誌ページが開いたら、商品データ（定価・著者名など）の下にある「サポート＆ダウンロードページ」をクリックします。
練習用データは下記ページの記載事項を必ずお読みになり、ご了承いただいたうえでダウンロードしてください。

ここをクリックして
ファイルを保存します

◆ 練習用データの収録内容

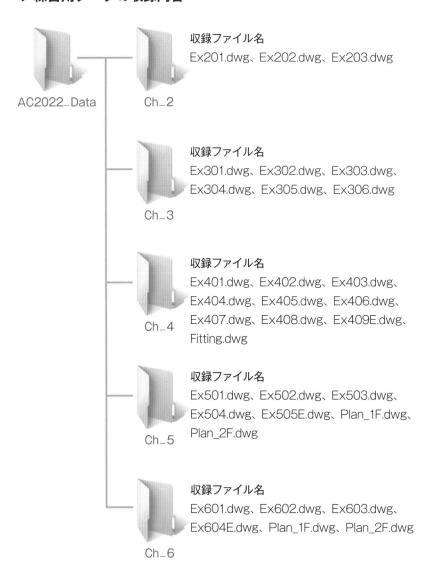

AC2022_Data

Ch_2
収録ファイル名
Ex201.dwg、Ex202.dwg、Ex203.dwg

Ch_3
収録ファイル名
Ex301.dwg、Ex302.dwg、Ex303.dwg、
Ex304.dwg、Ex305.dwg、Ex306.dwg

Ch_4
収録ファイル名
Ex401.dwg、Ex402.dwg、Ex403.dwg、
Ex404.dwg、Ex405.dwg、Ex406.dwg、
Ex407.dwg、Ex408.dwg、Ex409E.dwg、
Fitting.dwg

Ch_5
収録ファイル名
Ex501.dwg、Ex502.dwg、Ex503.dwg、
Ex504.dwg、Ex505E.dwg、Plan_1F.dwg、
Plan_2F.dwg

Ch_6
収録ファイル名
Ex601.dwg、Ex602.dwg、Ex603.dwg、
Ex604E.dwg、Plan_1F.dwg、Plan_2F.dwg

◆ 練習用データの使用について

● 練習用データはzip形式で圧縮されています。任意の場所に解凍してから使用してください。

● 練習用データは「AutoCAD 2013図面（＊.dwg）」形式で保存しています。2012以前のバージョンでは
ファイルを開けません。

◆ 練習用データを使う項目

練習用データを使う項目には、図のマークとファイル名が記載さ
れています。該当ファイルを開いて練習してください。

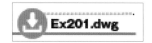

建築製図とは

建築製図の概要から線や文字など建築製図で用いる要素について説明します。

1.1 建築製図とは何をすることか

建築の設計内容を「人」に伝えるために作成する図面・文書・計算書などを建築設計図書といいます。「人」とは施主（建築の発注者、クライアントともいう）、施工者（建設会社や工事店）、行政（確認申請など）および将来の自分です。

建築設計で作成する図書のうち図面を建築設計図といいます。多くは線などの図形が主体の図面ですが、中には「仕上表」(しあげひょう)や「特記仕様書」のように文字と罫線だけのものや、「案内図」すなわち地図もあります。

1.1.1 建築設計と建築製図

建築設計と建築製図はまったく別の仕事です。筆者は20年以上建築設計事務所を主宰していましたが所員に対し設計と製図ではまったく異なるトレーニングをしました。

設計は実務を通して、しかもかなり辛い体験（これを「修羅場をくぐる」という）を何回もしないと身に付かないもので、参考書で勉強しても、設計が何をすることかも理解できないで終わることになります。これに対し建築製図は参考書による自習でも身に付けられます。

以上のことから本書は建築設計については一切触れませんが、建築製図それもCADによる建築製図について詳しく説明します。

1.1.2 だれが建築製図をするのか

木造の戸建て住宅のように小規模な建物なら設計者が1人で全図面を作成することもありますが、たいていは設計者を含むチームで作成するか、外部の協力者・協力事務所・協力会社が作成します。

設計者や設計者チームが建築設計図を作成するときには設計しながら製図を進めるのが普通です。なぜならば設計を完全に終わらせてから製図するとするとかなりの時間の無駄が出るからです。もっともルーチンワークに近い設計、すなわち同種の内容の建築を多数設計する場合には新たに設計する部分が少ないので製図だけで済むこともあります。

外部に依頼する場合はそこに設計能力のある人がいて製図だけでなく部分的に設計をするのが一般的です。この場合は元の設計者があとでチェックをします。

以上のように建築設計と建築製図は切り離せないものですが、本書は設計者が身近にいるビギナーを想定し、その方々に理解していただけるように説明しています。言いかえると本書が身近にいる設計者だと思ってお読みください。

1.1.3　建築設計図の種類

　建築の設計図は設計密度によって異なります。設計を一所懸命にするほど図面の枚数は多くなり、小規模な住宅でも100枚を超えることがあります。これに対し確認申請に必要な図面だけしか作成しない設計者もいます。この場合の図面の数は1〜2枚程度です。図面が無いところの設計は工務店や大工棟梁にまかせることになります。

　建築をきちんと設計（デザイン）しているなら、小規模な住宅でもA2判用紙に換算して20〜30枚以上の図面を作成しなければなりません。その場合の図面の種類を思いつくままにならべてみます。

- ◆案内図
- ◆敷地図と面積計算書
- ◆配置図
- ◆外構図
- ◆仕上表
- ◆特記仕様書
- ◆各階平面図
- ◆各階床面積計算書
- ◆立面図

- ◆断面図あるいは矩形（かなばかり）図
- ◆屋根伏図
- ◆展開図
- ◆天井伏図
- ◆構造図（伏図・軸組図など）
- ◆建具表
- ◆各部詳細図
- ◆各設備図（電気・給水・排水・空調・浄化槽・エレベータなど）

　他に自治体から要求される図面、たとえば緑化率計算図（自治体によって異なる）などがあります。

　図面には意匠（狭い意味でのデザイン）系、構造系、設備系および補助的な図面に分けられますが、本書は意匠系のうち基本的な図面の「平面図」、「立面図」、「断面図」の3つの図面について詳しく説明します。

平面図の例

立面図の例

1.1.4　手描きかCADか

　昭和時代の建築図面はトレシングペーパー（半透明の用紙。トレペと略して呼んでいた）にシャープペンシル（あるいは芯フォルダ）で図面を描くのが普通でしたが、平成になってからCAD化が進み、現在はほとんどの建築設計図がCADで作成されています。手描きで建築設計図を描くのは建築士の設計製図試験ぐらいしか残っていません（2021年現在）。

1.2 建築設計図の基礎知識

建築設計図の用紙や縮尺など基礎的な知識についていくつか説明します。

1.2.1 建築製図のルール

　建築の製図方法に関する法律はありません。もしかしたら自治体が発注する工事で設計図の製図方法を条例や規則にしているかもしれませんが、それは例外とします。

　建築製図の方法を規定する法律はありませんが建築製図に関するガイドラインはあります。よく知られているものにJIS（日本産業規格）の「建築製図通則」や国土交通省が発注する工事用の「建築CAD図面作成要領（案）」（平成14年11月）があります。

　設計をクライアントから直接依頼されている、すなわち元請けならどんな図面を描いてもかまいませんが、かといって設計内容が他人に伝わらないような独りよがりの表現をすると、見積もりもできないなど何のための図面か分からないものになります。ですから少なくとも設計内容が他人に伝わる描き方で製図をする必要があります。このとき参考になるのがJISなどのガイドラインです。

One Point

「建築CAD図面作成要領（案）」はインターネット(https://www.mlit.go.jp/gobuild/kijun/cals/std0211/02cad.pdf)で簡単に入手できます。また独自の「建築CAD図面作成要領」 を発表している自治体もあります（例：青森県や岐阜県）。

1.2.2 JISの「建築製図通則」

　JIS（ジス）とは日本産業規格（Japanese Industrial Standard）のことで工業製品の品質規格を定めたものです。建築の多くは現場で一品生産するので工業製品とは性格が異なりますが、工業製品と同様に品質を高めるためには製図からきちんとするための規格が必要ということで「建築製図通則」が定められています。

　JISの建築用製図規格は1961年からありますが、その後何回か改訂され、1999年に大改正がありこれが現在の最新版です。この1999年版（JIS建築製図通則A 0150：1999）は国際規格のISO（国際標準化機構）を日本語に翻訳したものに日本独自の規格を加えたものです。このためJISに合わせて作成した図面は日本語以外の部分は国際的に通用する図面になります。

　「建築製図通則」は日本産業標準調査会（JISC）で利用者登録（無料）をすれば閲覧できます。また一般財団法人 日本規格協会（JSA）で冊子あるいはPDFデータを購入できます。

　建築製図の方法は大部分が慣行によるもので、設計事務所・建設会社・デベロッパー・自治体などがそれぞれ独自の製図ルールを作成しています。ですから所属する設計機関あるいは発注者（クライアントや元請け会社など）が指定する製図ルールに従って製図することになります。しかしそれらの製図ルールがまったく異なるものではありません。わりあい似ています。おそらくJISの製図通則を下敷きにして製図ルールを作成しているからでしょう。

　とするとJISの製図通則をそのまま製図ルールにすればよいかというと、いくつかの項目で建築図面には不自然といえるものも含まれているのでそのままでは使えません。そこで本書はJISの製図通則に準拠しつつも、たとえば線の太さとか寸法の矢印の規定などについては多くの設計者が用いていると思われるルールを採用しています。

日本規格協会のホームページ

One Point

解説付きの「建築製図通則」を含む参考書も出版されています。代表的な参考書は『新訂三版 建築製図』日本建築家協会編・彰国社刊(2,400円＋税)です。

1.2.3　用紙サイズ

　用紙サイズにはA系列とB系列がありますが、建築製図ではA系列の用紙を使うのが普通です。例外的にB系列の用紙を使っているところが残っているかもしれませんが(昔の官庁はB系列の用紙を使っていました)本書ではA系列を使うものとして話を進めます。

　用紙サイズは図面が納まるならどんな用紙を使っても原則自由です。たとえばA4判に納まるならA4判でもかまいませんがおそらく小さすぎるのでA3判が一番小さい用紙になるでしょう。

　手描き時代は小規模な建物ではA2判の用紙、一般建築ではA1判あるいはA0判を使いました。現在でもA0判〜 A2判の用紙に図面を描く人が多いと聞いています。しかし縮小印刷でA3判以下にして打ち合わせや現場のチェックなどに使うことも多いようです。A1判でも長さを50%にすればA3判になり、A2判ならA4判です。A3判以下なら個人用プリンタで扱えますし、事務用のコピー機で扱えるので何かと便利です。

サイズ名	長辺の長さ (mm)	短辺の長さ (mm)
A0判	1,189	841
A1判	841	594
A2判	594	420
A3判	420	297
A4判	297	210
B0判	1,456	1,030
B1判	1,030	728
B2判	728	515
B3判	515	364
B4判	364	257
B5判	257	182

B系列は参考のために記した

1.2.4　縮尺

　用紙と比べると建築はずっと大きいので、図面では縮めて描きます。たとえば実際は10メートルある部分を10センチメートルの長さに縮めて描きます。この場合は1/100（＝10cm/10m）に縮めて描いているので縮尺（Scale）は1/100ということで「S=1/100」あるいは「S=1：100」と記します。建築製図で使用する縮尺の例を次に示します。

◆S=1/500　例：配置図
◆S=1/200　例：大規模な建築の平面図
◆S=1/100　例：中規模な建築や住宅の平面図
◆S=1/50　　例：平面詳細図や住宅の平面図
◆S=1/20　　例：詳細図

◆S=1/10　　例：詳細図
◆S=1/5　　　例：サッシの制作図
◆S=1/2　　　例：現場での検討図
◆S=1/1　　　例：原寸図

　他のS=1/400、S=1/250、S=1/30などの縮尺もそれが適当なら、たとえば用紙にきれいに納まるといった場合には使います。

1.2.5　用紙枠

　プリンタ/プロッタのたいていの機種では用紙の端に印刷できない範囲（マージンという）があります。また印刷できたとしても複写（コピー）が面倒になるので、用紙の端より少し内側に「用紙枠」という線を描いておき、この用紙枠の内側に図面を作成するようにします。

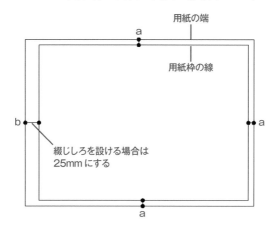

用紙サイズ	a (mm)	b (mm)	
		綴じしろなし	綴じしろあり
A0、A1	20	20	25
A2、A3、A4	10	10	25

各数値は縮尺が1/1 の場合の最小寸法（JIS）

1.2.6 線の太さ

　シャープペンシルや芯フォルダを使う手描き製図では芯を研ぎながら細い線を描きました。芯は直径0.3mm 〜 0.9mmですが見えるか見えないかの細い線から力強い太い線まで1つの芯で描き分けていました。このためだけでもありませんが、建築ではプロの設計者が描いたと言われる図面を作成できるようになるためには長期間（2年以上の実務）の練習が必要でした。

　これがCADでは線の太さはただ選択するだけになり設計製図は図面の内容に重点を置いて勉強すればよいようになりました。ただしCADでも図面の上手/下手があり、この上手/下手に最も大きく影響するのが線の太さです。

▸▸ JISの線の太さ

　JISでは線の太さを0.13mm、0.18mm、0.25mm、0.35mm、0.5mm、0.7mm、1mm、1.4mm、2mmの中から選択することと書かれています。しかし実際に使ってみると0.25mmが使える一番太い線で、0.35mm以上は太すぎて図面が汚くなり使えません。また一番細い線が0.13mmですが、ハッチングなど極細線を使いたいところではもっと細い線が必要です。

　JISではまた「極太線、太線、細線の太さの比は4:2:1である」と記されていますが、これでは使える線は0.13mmと0.25mmの2つしか残らないことになり、線の太さに意味を持たせる建築図面では表現そのものが困難になります。

▸▸ 本書での線の太さ

　以上のことから本書では0.13mm、0.25mmに0.05mmと0.18mmを加え4種類の太さを使うことにします。

◆0.05mm（0.00mm）　極細線
◆0.13mm（0.09mm）　細線
◆0.18mm　中線
◆0.25mm　太線

　筆者のプリンタ（解像度　720dpi）では0.13mmも0.09mmも同じ太さで印刷されます。
　一般のプリンタ/プロッタで印刷できる一番細い線は0.05mm程度と考えられます。AutoCADでは印刷できる一番細い線を指定するとき「0.00mm」と指定します。そこで上記を覚えやすい数字に書き換え、本書で使用する線の太さにします。

◆0.00mm　極細線
◆0.09mm　細線
◆0.18mm　中線
◆0.25mm　太線

One Point

最近のプリンタ/プロッタは1200dpi以上の解像度を実現していますが、CADの線の太さからみると720dpi程度で十分と考えられます（写真を印刷するならもっと高解像度が必要）。そして高解像度の機種でも720dpi（あるいは600dpi）なら比較的短時間に出力できます。

▶▶ 線の太さの使い分け

　線の太さの使い分けはJISにもありますがJISでは線の太さそのものの規定が現実的ではないので、本書では使い分けの案を次表で示します。線の太さを使い分ける目的は図面を明快にし、読みやすくするためであり、メリハリのある図面を作成するためのものです。ですから同じ目的であるならば次表と違っていてもかまいません。

部位	線の太さ	備考
断面の外形線	太線または中線	
見える部分の外形線	細線	平面図では造作線がこれに含まれる
基準線（通り芯など）	細線	
建具の断面線	中線	
階段（平面図）	細線	
階段の方向線	極細線	最下部に白丸。最上部に矢頭
階段の切断線	細線	ジグザグ付き
斜路（スロープ）	細線	
斜路の方向線	極細線	最下部に白丸。最上部に矢頭
図面枠の線	太線	
寸法線	細線または極細線	
寸法補助線	細線または極細線	
引出し線	細線または極細線	
ハッチング	極細線	

線の太さの使い分け（案）

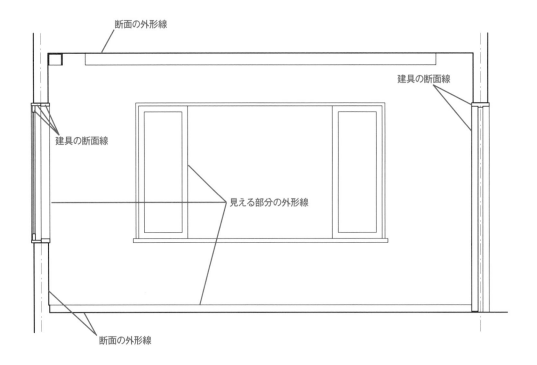

1.2.7　線種

　実線とか一点鎖線、破線などを線の「線種」(せんしゅ)といいます。JISでは線種のことを「線形」と呼びますが本書は慣例に従い「線種」と呼びます。JISの「建築製図通則」には15種類の線種がありますが実際に使われているのは□で囲った4種類です。

　「一点短鎖線」・「二点短鎖線」は「鎖線」と区別するため「短」という文字が入っていますが「一点短鎖線」・「二点短鎖線」のことを「一点鎖線」・「二点鎖線」と呼ぶのが普通で、本書でも「短」を省いて記します。

　ビギナーの中には「破線」のことを「点線」と呼ぶ人がいますが建築では「点線」をほとんど使いません。

No.1　実線(continuous line)
————————————————————

No.9　二点鎖線(long dashed double-short dashed line)
—・・—・・—・・—・・—・・—・・—

No.2　破線(dashed line)
— — — — — — — — — — — —

No.10　一点短鎖線(dashed dotted line)
— ・ — ・ — ・ — ・ — ・ — ・ —

No.3　跳び破線(dashed spaced line)
—　—　—　—　—　—　—　—　—

No.11　一点二短鎖線(double-dashed dotted line)
— ・ ・ — ・ ・ — ・ ・ — ・ ・ —

No.4　一点長鎖線(long dashed dotted line)
———・———・———・———・—

No.12　二点短鎖線(dashed double-dotted line)
— ・・ — ・・ — ・・ — ・・ — ・・ —

No.5　二点長鎖線(long dashed doubled-dotted line)
———・・———・・———・・———

No.13　二点二短鎖線(double-dashed double-dotted line)
— — ・・ — — ・・ — — ・・ — —

No.6　三点長鎖線(long dashed triplicate-dotted line)
———・・・———・・・———・・・—

No.14　三点短鎖線(dashed triplicate-dotted line)
— ・・・ — ・・・ — ・・・ — ・・・ —

No.7　点線(dotted line)
·······································

No.15　三点二短鎖線(double-dashed triplicate-dotted line)
— — ・・・ — — ・・・ — — ・・・ —

No.8　一点鎖線(long dashed short dashed line)
——— — ——— — ——— — ———

One Point

線種名の先頭にあるNo.はJISの線形番号ですが、この番号はAutoCADの実線以外の線種名の「ACAD_ISO●●W100」(●●は数字)の●●と一致します。

　建築設計図はほとんどの線を実線にします。破線は表面から見えない線(隠れ線)に使い、一点鎖線は基準線たとえば通り芯線に使います。二点鎖線は断面位置を示す線などに使います。

建築設計では長さの単位に「ミリメートル(mm)」を使います。そして床面積や敷地面積には「平方メートル(㎡)」を使います。

長さの単位はミリメートルですが単位記号を使いません(JIS)。たとえば「天井高は2600mm」ではなく「天井高は2600」と言い、図面には「天井高=2600」などと記入します。ミリメートル以外の単位を補助的に使いますが、この場合は単位を明記します。たとえば「天井高は2メートル60センチ」と言います。ミリメートルを含む場合は「天井高は2メートル600」とミリメートルの部分の単位を付けません。

1.2.9 寸法

建築設計図で各部のサイズ(長さ・幅・高さなど)を「寸法」で表現します。寸法には4つの要素があり、それぞれの名称を示します。

各部の名称はJISに従った

寸法線・寸法数値・矢印・寸法補助線の4要素の集合を「寸法」と呼びます。上図の矢印は黒丸(丸留め)ですが他にも下図のようにたくさんの形があります。どれを使ってもかまいませんが、建築設計図では黒丸が多く使われています。

▶▶ 黒丸の直径

黒丸の大きさは小さいほどプロらしく見えますが、あまりに小さいと寸法を読み難くなります。もともと矢印は寸法線の端部を明確にするために使いますので、ほどほどの大きさにします。しかしISOや電子納品の基準にある直径2.5mm(印刷サイズ)では大きすぎ、これに従った図面は異様な図面になってしまいます。黒丸の直径は0.8mm程度が適当です。

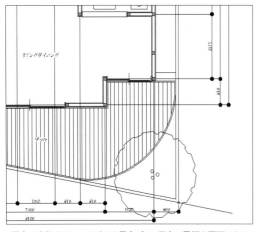

黒丸の直径を2.5mmにすると黒丸ばかり目立つ異様な図面になる

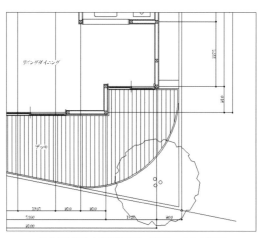

黒丸の直径を本書が勧めている0.8mmにした図面

⏵ 寸法を描く位置

寸法は図形の外側に描くのが原則です。図のように図形の内部に寸法を描くと読みにくい図面になります。読みにくいと間違いが起きやすくなり危険です。

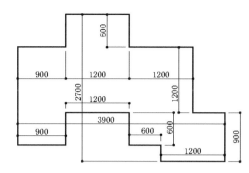

下図は図形の外側に寸法を描いています。一番外側に全体寸法を描き内側に細かい寸法を描きます。この図は全体寸法を含んで3段の寸法になりましたが、必要なら段を増やしてもかまいません。

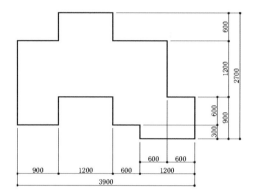

ここでの例は比較的単純な図形なので下側と右側の2方向に寸法を記入しましたが、建築図では4方向に寸法を記入することがよくあります（平面図など）。このとき図形と寸法線の間隔を揃えると図面全体がきりっと締まって見えます。間隔が不揃いだと粗雑な図面に見え、設計そのものも粗雑という印象を与えてしまい施工にまで影響します。きちんとした図面を作成するのは、きちんとした建築を作るためにも必要です。

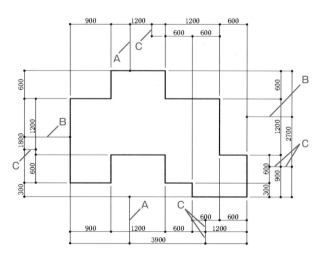

AとBは異なっていてもよいですが可能なら同一にします。円弧部分や斜め方向の部分があってAやBを揃える意味が薄い場合は「読みやすくするために整理する」を方針にして決めてください。Cは5mm〜6mm（印刷サイズ）が適当です。

CHAPTER

1

建築製図とは

▸▸ 寸法数値の桁区切り

　手描き製図の寸法数値は3桁ごとに桁区切り「,（カンマ）」を入れる習慣がありましたが、CADで製図するようになってから桁区切りを入れないのが普通です。これは多くのCADとくに欧米製のCADに桁区切りの機能がないためです。

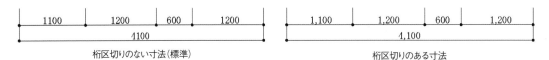

桁区切りのない寸法（標準）　　　　　　　　　　桁区切りのある寸法

▸▸ 寸法数値の方向

　寸法数値は寸法線に平行かつ上側に配置します。垂直寸法ではどの方向が上側か迷いますが建築製図では左側を上側と想定します。これは図面を綴じるとき左側を綴じる習慣があるためです。

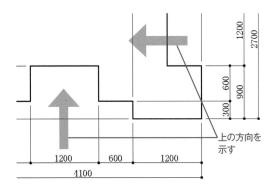

上の方向を示す

▸▸ 重なった寸法数値の調整

　寸法数値が隣の寸法数値と重なったり、寸法補助線と重なって読みにくい場合があります。そんなときは寸法数値を臨機応変に動かして読みやすくします。

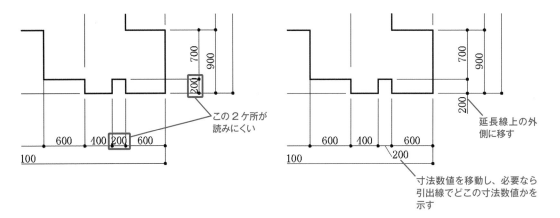

この2ケ所が読みにくい

延長線上の外側に移す

寸法数値を移動し、必要なら引出線でどこの寸法数値かを示す

1.2.10　文字

　図面では寸法数値だけでなく意外にたくさんの文字を使います。図形だけで表現できないこと、たとえば機器のメーカー名や型番あるいは室名や、建具の仕様など設計内容を的確に伝えるために文字（文字列と文章）を使います。

　最近のCADの文字機能は高機能でワープロに近い機能があるので文字の記入で困ることはほとんどありません。そこでここでは建築図の文字について知っておいたほうがよいことを記します。

▶ フォントについて

　AutoCADには一般のフォント（TrueTypeフォント）の他にペンプロッタすなわち鉛筆やペンで線を描くタイプのプロッタ用にスティックフォント（単線ゴシックやベクトルフォントともいう）が備わっています。最近のプロッタはラスタープロッタ（インクジェットプロッタやレーザープロッタ）がほとんどなのでスティックフォントを使う人は稀になりましたがどんなものかは知っておいたほうがよいので図で示します。

123 abc ABC 基準階平面図　　123 abc ABC 基準階平面図

TrueTypeフォントの例（MS P明朝）　　　　スティックフォントの例（英数字はtxt.shx、漢字はextfont2.shx）

▶ プロポーショナルフォントと等幅フォント

　TrueTypeフォントの多くはプロポーショナルフォントで、文字を並べて文章にしたときに不自然にならないように、そして読みやすくするためです。

　これに対し等幅（とうはば）フォントは文字幅がどの文字でも同じ幅で、文字数が同じなら同じ長さになるフォントです。

プロポーショナルフォントの例（MS P明朝）　　　　　　等幅フォントの例（MS明朝）

　建築製図ではプロポーショナルフォントを使うのが普通ですが、箇条書きや表形式のリストの場合は等幅フォントを使って揃った感じにする場合もあります。

　AutoCADは1つの図面に複数のフォントを使えるので用途によって使い分けます。

▶▶ 文字のサイズ

　文字のサイズは文字の高さで指定します。というのは文字の幅はプロポーショナルフォントのように一定ではないためです。AutoCADの場合は図のように英数字の高さで指定します。このためかな漢字は指定高より高くなります。この指定方法はCADによって異なります。

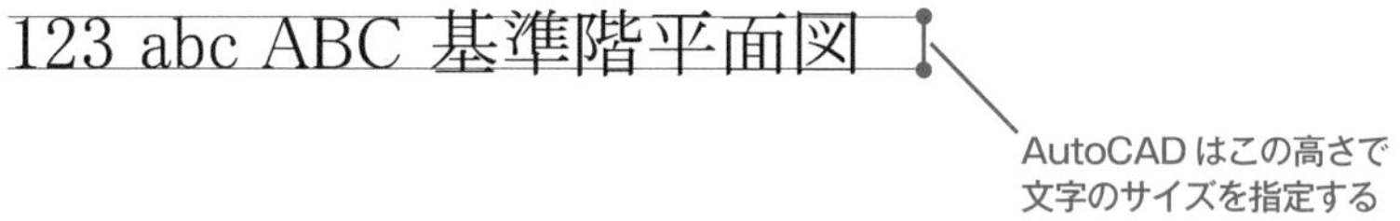

123 abc ABC 基準階平面図

AutoCADはこの高さで
文字のサイズを指定する

One Point

　3つのCADで高さ3mmの文字を比較します。図の2本の線はいずれも間隔が3mmです。

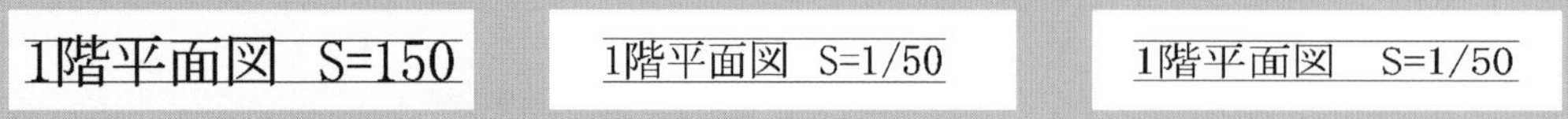

1階平面図　S=150	1階平面図　S=1/50	1階平面図　　S=1/50
AutoCADの文字列	VectorWorksの文字列	Jw_cadの文字列

▶▶ 建築図面に適した文字のサイズ

　図面に記した文字が適しているかどうかは印刷してみないと分からないもので、画面で決めるとどうしても大きくなりがちです。そこで本書が勧める文字の高さを次に示します。

　なおこの高さはAutoCADにだけ有効なので注意してください。たとえばJw_cadでこの高さにすると文字が小さすぎて読み辛くなります。

◆室名など図形中に記入する文字列	2.5〜3mm
◆特記など図形外に記入する文章	2.5〜3mm
◆タイトルなど他より目立たせたい文字列	3.5〜4mm
◆寸法数値	2.5mm

　なおAutoCADでも縮尺1/200の平面図になると上記の文字の高さでは大きすぎて記入したい位置に入らないことがあります。たとえば「クロゼット」、「来客用EV」、「従業員用トイレ」などです。このようなときは小さな文字（2mmや1.5mm）でもかまいません。

AutoCADの基本

AutoCADの本格的な使い方はCHAPTER 4以降で練習しますが、その前に知っ

ておかねばならないことをここで取り上げます。また本書用の初期設定を説明しま

すのでAutoCADの経験がある人も一通り目を通してください。

2.1 AutoCADの起動と終了

AutoCADの起動と終了はWindowsの一般のソフトウェアと同じで、特別なことはありません。

2.1.1 AutoCADの起動

AutoCAD を起動する2つの方法を紹介します。

◆方法1＝デスクトップにあるショートカットアイコンをダブルクリックする
◆方法2＝Windows の［スタート］ボタンから起動する

One Point

AutoCADのデータをダブルクリックしてAutoCAD を起動させる人がビギナーに多く見かけますがこれは悪い作法なのでお勧めしません。ベテランになればなるほどこのような乱暴な方法を使いません。というのはベテランは痛い目にさんざん出会っていてパソコンの怖さを知っているので自然に正しい作法に従うようになるからです。

▶▶ ショートカットアイコン

AutoCADをインストールするとデスクトップにAutoCAD のショートカットアイコンが生成されます。これをダブルクリックするとAutoCAD が起動します。

AutoCADのショートカット
アイコン

▶▶ Windowsの［スタート］ボタン

Windows 10の［スタート］ボタンからAutoCADを起動する方法はショートカットアイコンをダブルクリックするより面倒ですが、他のソフトでデスクトップが隠れている場合に便利な方法です。

1. ［スタート］ボタンを押してスタートメニューを開く
2. スタートメニューの左側で「AutoCAD 2022」フォルダを探したらクリックして開く
3. 「AutoCAD 2022」フォルダの中にある［AutoCAD 2022］をクリックする

これでAutoCADが起動します。

「AutoCAD 2022」フォルダと AutoCAD 2022

Windows 10のスタートメニュー

［スタート］ボタン

⯈ **AutoCADで作図を開始する**

　AutoCAD が起動するとAutoCAD の《スタート》タブが開きます。このタブから新規図面や描きかけの図面などを開いて作業をはじめます。新たに図面を作成する場合のスタート方法を説明します。

1️⃣ AutoCADの《スタート》タブの［新規作成］ボタンをクリックする

　これで空白の図面が開くので作図をスタートできます。

《スタート》タブ

AutoCADの《スタート》タブ

2.1.2 タスクバーにピン留め

　AutoCADを起動するとタスクバーにアイコンが表示されます。このアイコンをタスクバーにピン留めしておけば、アイコンがタスクバーに常駐します。次回からはタスクバーにあるAutoCADのアイコンをクリックするだけで起動できるようになります。

1️⃣ AutoCADを起動する（前ページ参照）
2️⃣ タスクバーに表示されているAutoCADのアイコンを右クリックしてメニューを出す
3️⃣ メニューの【タスクバーにピン留めする】をクリックする

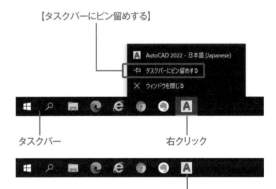

【タスクバーにピン留めする】

タスクバー　　　　　　　右クリック

タスクバーにピン留めしたので次回からはこれをクリックするだけでAutoCAD を起動できる

AutoCADの終了の3つの方法を紹介します。そのときの気分で使い分けてください。

◆メニューの【終了】コマンドを用いる
◆ウィンドウの [閉じる] ボタンをクリックする
◆タスクバーで終了する

メニューの【終了】コマンド

【終了】コマンドは少し面倒ですが標準の終了方法です。

1 アプリケーションメニューをクリックする
2 [終了] ボタンをクリックする
3 データを保存するかという確認メッセージ
　 が表示されるので、普通は [はい] をクリッ
　 クして保存する

アプリケーションメニュー

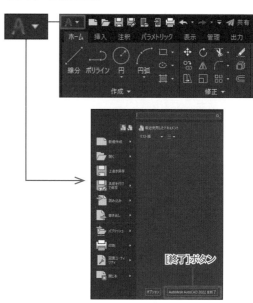

確認メッセージ

ウィンドウの [閉じる] ボタン

[閉じる] ボタンでAutoCADを簡単に終了させられます。

1 ウィンドウの [閉じる] ボタンをクリックする
2 確認メッセージに対し、普通は [はい] をク
　 リックしてデータを保存する

[閉じる]ボタン

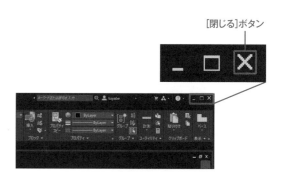

タスクバーで終了

タスクバーでもAutoCADを終了させられます。

1 タスクバーのAutoCADのアイコンを右ク
　 リックする
2 メニューの【ウィンドウを閉じる】をクリッ
　 クする
3 確認メッセージに対し、普通は [はい] をク
　 リックしてデータを保存する

右クリック

2.2 AutoCAD の準備

このあと実際に AutoCAD を操作して練習しますが、本書の説明と同じ結果が出るように、AutoCAD を本書の設定に合わせる必要があります。

本書の設定とはいえ、なるべくインストール直後の状態に近い設定で AutoCAD を使いたいので、最小限の変更にとどめています。

なおすでに AutoCAD を使用してご自分なりの設定をしている場合は、その設定を保存→リセット→本書の設定をしてください。そして本書での練習を終えたときに保存した設定を読み込んで元に戻してください（29ページの One Point 参照）。

2.2.1 作図ウィンドウの色を白にする

AutoCADの作図ウィンドウのデフォルト色はほぼ黒です。これを黒バックといいます。

もし図面を効率優先で作成しようとするなら黒バックが適しています。これは図形の色が淡色でも見やすいからです。しかし建築デザインのように画面で形を検討・確認しながら作図するといった使い方なら白/淡色が適しています。白い紙に鉛筆でスケッチと同じ感覚で使えます。

本書は白い作図ウィンドウ（白バックという）で説明しますので、白バックに変える手順を説明します。

１ 何らかの図面が開いていることを確認する
※《スタート》タブで［新規作成］をクリックするだけでもかまいません（25ページ）。

２ アプリケーションメニューをクリックしてから［オプション］をクリックする

アプリケーションメニュー

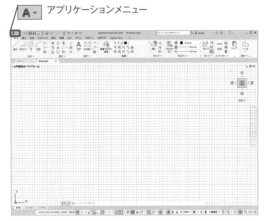

AutoCAD 2022のデフォルトの画面
見やすいようにリボンと背景の色を変えたあとの図

［オプション］

③ 「オプション」ダイアログで次のように操作
する
◆≪表示≫タブをクリックする
◆ [カラーテーマ] で「ライト (明るい)」を選ぶ
◆ [色] ボタンをクリックする
④ 「作図ウィンドウの色」ダイアログで次のよ
うに操作する
◆コンテキストの「2Dモデル空間」を選択する
◆インタフェース要素の「共通の背景色」を選
択する
◆色で「White」を選択する
◆ [適用して閉じる] をクリックする
⑤ 「オプション」ダイアログの [適用] をクリッ
クする

これでリボンが明るくなり作図ウィンドウが白
バックになります。「オプション」ダイアログで次
の設定をするので、このまま次項に進んでくださ
い。

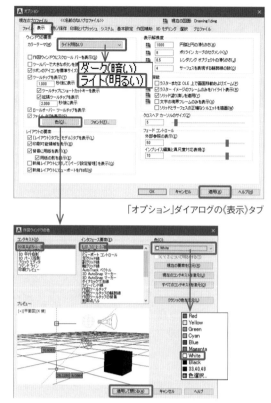

「オプション」ダイアログの《表示》タブ

「作図ウィンドウの色」ダイアログ

右クリックをカスタマイズ

AutoCADではキーボードの [スペース] キーを頻繁に使います。ツールの終了と再開や選択の
確定などに [スペース] キーを使いますが、これをマウスの右クリックで代用できます。右クリッ
クなら作業を中断することがないので気持ちよく作図を続けられます。

① 「オプション」ダイアログで次のように操作
する
◆≪基本設定≫タブをクリックする
◆ [右クリックをカスタマイズ] をクリックする
② 「右クリックのカスタマイズ」ダイアログで
[クリック時間に応じた右クリックの機能を
有効にする] にチェックを入れてから [適用
して閉じる] をクリックする
※ダイアログに「素早いクリックはEnterの機能にな
ります」とありますが、AutoCAD では [スペース]
キーと [Enter] キーは同じ機能なので「素早いクリッ
クはスペースの機能になります」と同じ意味です。
③ 「オプション」ダイアログの [OK] をクリッ
クして作図ウィンドウに戻る

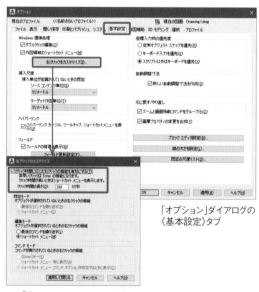

「オプション」ダイアログの
《基本設定》タブ

「右クリックのカスタマイズ」
ダイアログ

画面を整理します。

▶ グリッドの非表示

　画面に戻ると図のようになります。作図ウィンドウには方眼紙のようにタテヨコの線が入っています。これをグリッドと呼びますが、グリッドは使う時だけ表示させるので今は非表示にします。

1 ステータスバーにある【作図グリッドの表示】をクリックする

　※【作図グリッドの表示】はクリックするごとにグリッドの表示のオン/オフを切り替えられます。

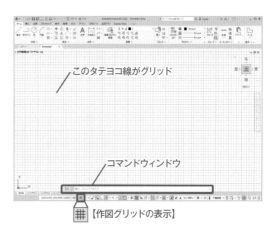

このタテヨコ線がグリッド

コマンドウィンドウ

【作図グリッドの表示】

▶ コマンドウィンドウのドッキング

　コマンドラインウィンドウがフロート状態になっているのでこれをドッキングさせます。
※「コマンドラインウィンドウ」は長いので本書では「コマンドウィンドウ」と略記します。

1 コマンドウィンドウの左端の部分（図参照）を下方にドラッグする
2 作図ウィンドウの下の端にカーソルをあてるとアウトラインに表示が変わる
3 マウスボタンから指を離すと（ドロップすると）コマンドウィンドウがドッキングする

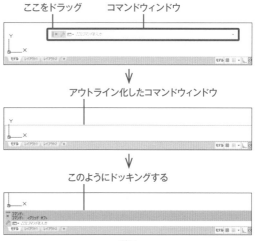

ここをドラッグ　　コマンドウィンドウ

↓

アウトライン化したコマンドウィンドウ

↓

このようにドッキングする

結果

One Point

設定の保存とリセット
もしAutoCADで自分の設定をしているなら、設定を保存/リセットしたあとで本書用の設定をしてください。
なお、以下の操作はAutoCADを終了したあとにします。
1 Windows 10の[スタート]ボタンをクリックしAutoCADのフォルダにある【設定を既定にリセット】をクリックする
2 「設定を既定にリセット-バックアップ」ダイアログで「バックアップ後にカスタム設定をリセット」をクリック
3 「カスタム設定をバックアップ」ダイアログが開くのでそのまま[保存]をクリックする
4 確認メッセージが表示される。バックアップファイルの保存先とファイル名が表示されるのでメモする

設定を元に戻すには次のように操作します。
1 [スタート]ボタンをクリックしAutoCADのフォルダにある【AutoCAD 2022設定を読み込み】をクリックする

2 先にメモしたバックアップファイル（zipファイル）を読み込む

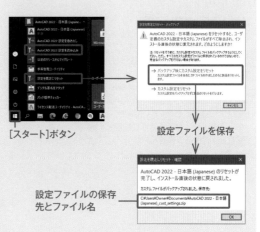

[スタート]ボタン

設定ファイルを保存

設定ファイルの保存先とファイル名

2.3 AutoCADの各部の名称

AutoCAD の各部の名称を示します。本書は AutoCAD のマニュアルと一部異なる名称を使っています。この場合マニュアルでの名称を( )内に記します。

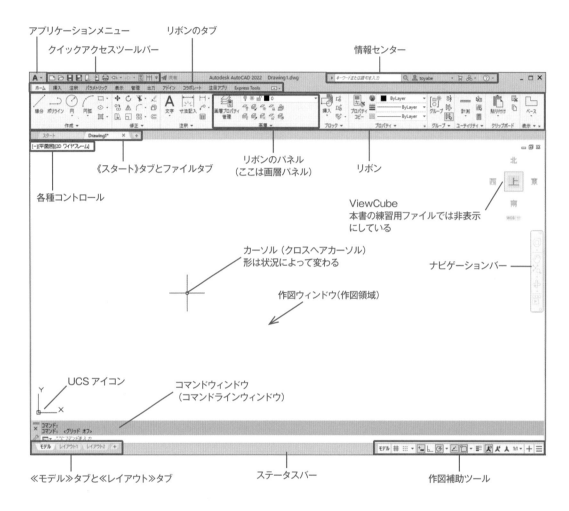

アプリケーションメニュー
クイックアクセスツールバー
リボンのタブ
情報センター
《スタート》タブとファイルタブ
リボンのパネル（ここは画層パネル）
リボン
各種コントロール
ViewCube 本書の練習用ファイルでは非表示にしている
カーソル（クロスヘアカーソル）形は状況によって変わる
ナビゲーションバー
作図ウィンドウ(作図領域)
UCS アイコン
コマンドウィンドウ（コマンドラインウィンドウ）
≪モデル≫タブと≪レイアウト≫タブ
ステータスバー
作図補助ツール

One Point

リボンとディスプレイの幅

リボンはパソコンのディスプレイの解像度と拡大・縮小によって表示が異なります。ディスプレイの幅が1400ピクセルで拡大・縮小が100%ならリボンがフルに表示されます。

ディスプレイ幅が1280ピクセルで拡大・縮小が100%ではリボンの右端の4つのパネルが省略形になります。

省略形になってもそのパネルをクリックすれば内容が表示されます。一手間増えますが機能に問題はなく、本書での練習でも支障はありません。

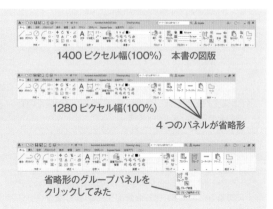

1400 ピクセル幅(100%)　本書の図版

1280 ピクセル幅(100%)

4つのパネルが省略形

省略形のグループパネルをクリックしてみた

2.4 作図補助ツールの設定

ステータスバーに作図補助ツールが多数あります。ここでは作図補助ツールの名称と、本書の操作に必要な設定方法を説明します。具体的な使い方は、「2.10 作図補助ツールの使い方」を参照してください。

2.4.1 作図補助ツールの名前

本書で補助ツールの名がたびたび登場するので使用するツールの名前を記しておきます。

ステータスバーに表示されていないツールは右端の［カスタマイズ］をクリックすると全ツールのリストが現れるので、チェックのある/なしを「全ツールのリスト」の図と合わせることをお勧めします。完全に同じにしなければならないということではありませんが少なくとも下図で名前を付けたツールにはチェックを付けてください。

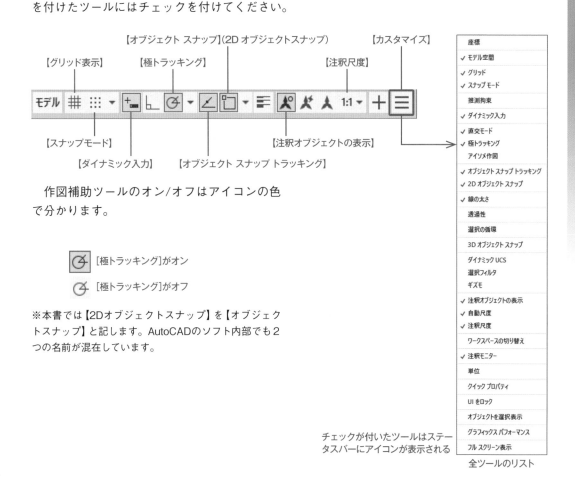

作図補助ツールのオン/オフはアイコンの色で分かります。

［極トラッキング］がオン

［極トラッキング］がオフ

※本書では【2Dオブジェクトスナップ】を【オブジェクトスナップ】と記します。AutoCADのソフト内部でも2つの名前が混在しています。

チェックが付いたツールはステータスバーにアイコンが表示される

全ツールのリスト

作図補助ツールのうち【極トラッキング】と【オブジェクトスナップ】は設定によって動作が異なります。このため2つのツールを本書用に設定します

▶▶ 【極トラッキング】の設定

【極トラッキング】は線を描くときの角度をコントロールします。

1　【極トラッキング】を右クリックする
2　角度のリストが表示されるので［15,30, 45,60...］をクリックする
3　もう一度【極トラッキング】を右クリックして［15,30,45,60...］にチェックが付いているのを確認する
4　作図ウィンドウの任意の位置をクリックしてリストを閉じる

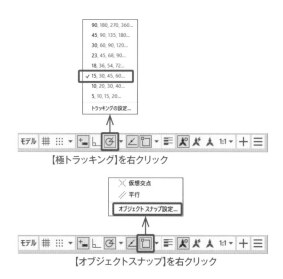

【極トラッキング】を右クリック

【オブジェクトスナップ】を右クリック

▶▶ 【オブジェクトスナップ】の設定

【オブジェクトスナップ】は2D製図で最も頼りになる作図補助ツールです。

1　【オブジェクトスナップ】を右クリックしてリストを出し［オブジェクトスナップ設定］をクリックする
2　「作図補助設定」ダイアログで次のように操作する
　　◆［すべてクリア］をクリックする
　　◆「端点」、「中点」、「点」、「交点」、「挿入基点」をクリックしてチェックを入れる
　　◆［OK］をクリックする
3　【オブジェクトスナップ】を右クリックしてリストを出しチェック付きの項目を確認する
4　作図ウィンドウの任意の位置をクリックしてリストを閉じる

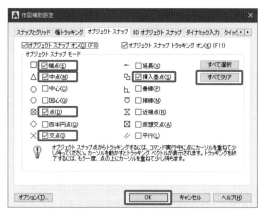

「作図補助設定」ダイアログ

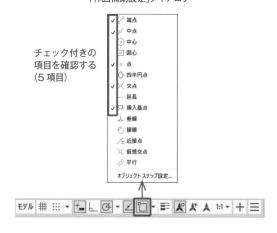

チェック付きの
項目を確認する
（5項目）

ファイル操作

ファイル操作の方法は一般のソフトと変わりありませんがAutoCAD 独特の方法もあります。

2.5.1 ファイルを開く

　完成図面や作成中のファイル（データファイル）を開く方法は複数ありますがここではよく使う2つの方法を記します。

▶▶【開く】ツール

　ファイルを開くのに一番簡単な方法は【開く】ツールを使う方法です。

1 【開く】ツールをクリックする
2 「ファイルを選択」ダイアログで開きたいファイルをクリックする
3 ［開く］をクリックする

【開く】ツール

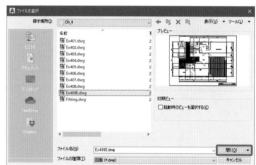

ファイルの表示形式（アイコンかリストか）は
エクスプローラと同じように設定できる

▶▶《スタート》タブ

　「開く」にはいろいろなケースがあります。作成中のファイルを開く、サンプルファイルを開く、シートセットを開くなどです。これらに対応するのが《スタート》タブです。

1 《スタート》タブをクリックする
2 図に示す新規作成を含む4項目のうちの1つをクリックする

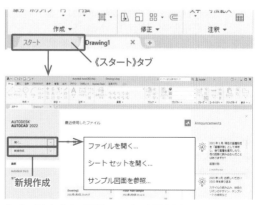

《スタート》タブ

《スタート》タブで4種類のファイルを開けます。
新規ファイル・既存ファイル・シートセット（複数図面のレイアウトのセット）・サンプル図面

One Point

アプリケーションメニューにも【開く】コマンドがあり、このサブコマンドの中には《スタート》タブにないコマンドもありますが、本書で使うことがないので図を示すだけにします。

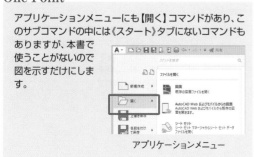

アプリケーションメニュー

2.5.2 ファイルを保存

　ファイルは保存するための操作をしてはじめて保存されます。パソコンでは何が起きるか分からないので図面が完成した時だけではなく図面の作成中でも頻繁（たとえば15分ごと）にデータを保存してください。自動保存（One Point参照）もありますが手動で保存する習慣を身につけてください。

▶ 上書き保存

　はじめての保存、作成途中での保存、完成したときの保存、いずれの保存でも【上書き保存】ツールを使います。

1 【上書き保存】ツールをクリックする

　これだけでファイルが保存されますが、はじめて保存するときには次の操作をします。

2 「図面に名前を付けて保存」ダイアログが開くので保存先を確認する（変えてもよい）
3 「ファイル名」欄に名前にキーインする
4 ［保存］をクリックする
　　※【上書き保存】ツールのアイコンはかって使われたフロッピーディスクの形です。

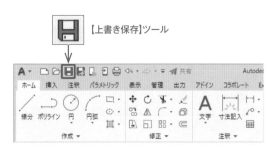

【上書き保存】ツール

保存先フォルダー

以前保存したファイル

ファイル名

ファイル形式

ファイル名に拡張子(.dwg)を付けなくても、
付けてもよい（付けないほうがミスを防げる）

▶ 名前を付けて保存

　ファイル名を変えて保存したい場合があります。たとえば1階平面図（Plan_1F.dwg）を元に2階平面図を作成したとき「Plan_1F.dwg」を「Plan_2F.dwg」に変えて保存します。このようなときに使うのが【名前を付けて保存】ツールです。
　【名前を付けて保存】ツールは以下の場合にも用います。

◆DWG以外のファイル形式で保存するとき
◆古い形式のDWGファイルで保存するとき
◆別の保存場所に保存したいとき

【名前を付けて保存】ツール

One Point

AutoCAD には自動保存の機能があります。「オプション」ダイアログの《開く／保存》タブの［自動保存］がそれでデフォルトの間隔が10分に設定されています。
自動保存はありますが、普段は頻繁に手動で保存してください。自動保存は最後の命綱です。

2.5.3 ファイルを閉じる

ファイルは保存しても引き続き作図を続けられるように画面に残っています。

画面から消すには［閉じる］ボタンをクリックしてファイルを閉じます。閉じるボタンは図のように2カ所にありますが、どちらを使っても結果は同じです。

保存の直後でなければ［閉じる］ボタンをクリックすると保存するか確認メッセージが表示されるので普通は［はい］をクリックして保存します。

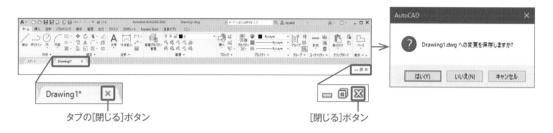

タブの[閉じる]ボタン　　　　　　　　　　　　　　　　　　　　　　　　　　　[閉じる]ボタン

CHAPTER

2

AutoCADの基本

2.5.4 新規図面

図面の作成をはじめるには新規図面を作成します。新規図面は完全に白紙の状態から作成する場合と、テンプレートファイルを開いて図面の作成を開始する場合があります。

どちらも《スタート》タブ（25ページ）でできますが、ここでは【クイック新規作成】ツールを使う方法を紹介します。

1 【クイック新規作成】ツールをクリックする
2 「テンプレートを選択」ダイアログが開くので、使用するテンプレートをクリックして選択してから［開く］をクリックする

【クイック新規作成】ツール

もしテンプレートではなく白紙の状態から作成したいときは［開く］ボタンの右側の▼をクリックし、メニューの【テンプレートなしで開く-メートル】をクリックしてください。

One Point

テンプレートとはあらかじめ各種の設定（寸法スタイルや文字スタイルなど）を済ませ、図面枠やタイトル枠を記入した図面ファイルのことです。実務でAutoCADを使うようになるとテンプレートを使用して図面を作成するのが普通になります。

図にたくさんのテンプレートがありますがそのまま使うことは稀で自分で編集するか、最初から作成することになります。

テンプレートが並んでいる

2.6 画面コントロール機能

 Ex201.dwg

AutoCADに限らずCADでは画面拡大／縮小やスクロールなど、すなわち画面コントロールを頻繁にします。

CADを使うときにマウスのホイールは必須です。というのはこのホイールが画面コントロールの主役でAutoCADの表示コマンドは脇役というのが実情だからです。脇役だけでもAutoCADを使えますが、わざわざ不便な環境でCADを使おうとするのは愚かなことです。

マウスのホイールによる画面コントロールから説明します。

2.6.1 ホイールマウス

ホイールマウスのホイールを手前に回すと画面が縮小表示になり、逆に（奥に）回すと拡大表示になります。

ホイールを押したままマウスを動かすとその動きに合わせて、画面が動きます。すなわちドラッグするとスクロールします。そしてホイールをダブルクリックすると後述する【オブジェクト範囲ズーム】ツールと同じ結果になります。以上のように画面コントロールの主要な4機能がホイールだけで実現します。

ホイール操作	機能
手前に回す	画面の縮小表示
奥へ回す	画面の拡大表示
ドラッグ	スクロール
ダブルクリック	オブジェクト範囲を表示

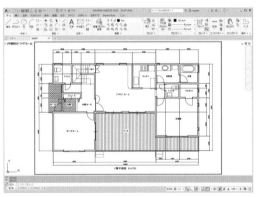

Ex201.dwg

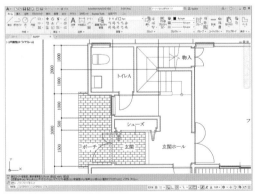

画面を拡大表示

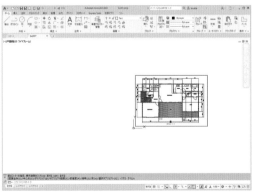

画面を縮小表示

2.6.2 画面コントロール用ツール

　AutoCADの画面コントロール用ツール/コマンドは多数ありますが、実際に使うと思われる2つのツールを説明します。

　本書で使う2つのツールはナビゲーションバーにあります。

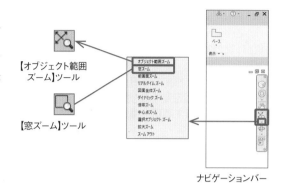

▶▶【オブジェクト範囲ズーム】ツール

　【オブジェクト範囲ズーム】ツールは、このツールをクリックすると図面にあるすべてのオブジェクト（図形や文字や寸法など）が、画面にちょうど納まるように表示されます。AutoCADで作成したオブジェクトの全部を見渡したいときに使います。

【オブジェクト範囲ズーム】ツール

【窓ズーム】ツール

ナビゲーションバー

▶▶【窓ズーム】ツール

　【窓ズーム】ツールをクリックしてから、作図ウィンドウで四角形を描くように2点をクリックすると、その四角形が画面一杯に拡大表示されます。ホイールマウスによる拡大表示との違いは【窓ズーム】ツールなら拡大表示したい範囲をユーザーが指定できるところです。

このように拡大したい範囲（窓）を指定する

【窓ズーム】ツールの結果

 **ツールの起動とオプション**

 Ex201.dwg

AutoCADでコマンド（ツール）を起動する方法は複数ありますが本書は最も理解しやすい方法、すなわちリボンにあるツールをクリックする方法で説明します。そして多くのツールには1つの機能だけでなく、いくつかのオプションの機能を含んでいます。

ここでは【円】ツールを見てみます。【円】ツールには次の3種類のオプションがあります。

◆円周上の3点を指定して円を描く（3点円）
◆直径の2点を指定して円を描く（2点円）
◆2つの図形に接する円を描く（接円）

オプションを使わなければ、中心点と円周上の点を指定して円を描けます。
※本書では【円】ツールと呼びますが、正式には【円、中心、半径】ツールという名のツールです。

オプションを使うときは、ある文字を入力してから円を描き始めます。どんな文字を入力すればよいかは【円】ツールをクリックしたときにコマンドウィンドウに表示されます。
[3点（3P）/2点（2P）/接、接、半（T）] という文字列が【円】ツールのオプションのリストです。
たとえば先頭にある「3点（3P）」は「3点円を描くなら<3P>を入力しなさい」という意味です。「接、接、半（T）」は「接する2つの図形と半径を指定して円を描くなら<T>を入力しなさい」という意味です。
なおツールをクリックしたあと [↓] キーを押すとカーソルのそばにオプションのリストが表示されます。これは【ダイナミック入力】の機能の1つです。

【円】ツール

【円】ツールを起動したときのコマンドウィンドウ

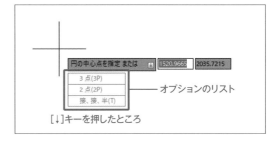
[↓]キーを押したところ

One Point

AutoCADの【円】ツールや【円弧】ツールには各オプションに対応したバリエーションツールが用意されています。しかし本書は先頭のツールだけを使います。それが自然な使い方だからです。

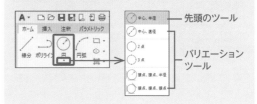

2.8 操作を失敗したときには

⬇ Ex201.dwg

CADに限らずパソコンソフトの操作ではミスや失敗は避けられないことです。この
ため失敗しないように努力することより、失敗したときの対応に慣れているほうが大
事です。

2.8.1 操作の途中では

間違って図形を選択してしまった、線の描き始めに違う場所をクリックしてしまったといった場合は [Esc（エスケープ）] キーを押します。もともと [Esc] キーはキャンセルを意味しますが、AutoCADでは「困ったときの [Esc] キー」としてよく知られています。

[Esc]キー —

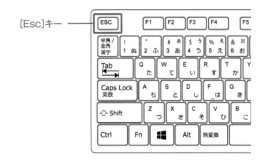

2.8.2 間違った操作をしてしまった

AutoCADではファイルを開いたあとの操作を記録し続けます。そしてたいていの操作を遡って取り消すことができます。たとえば消してはいけない図形を消してしまったとき、間違った図形を描いてしまったときなどで、これを取り消すのが【元に戻す】ツールです。【元に戻す】ツールをクリックするたびに1回ずつ遡って操作を取り消しますが、もし取り消しすぎたときに戻すのが【やり直し】ツールです。

【元に戻す】ツール　　　　　　【やり直し】ツール

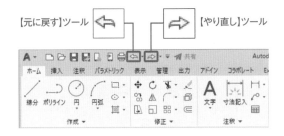

One Point

【元に戻す】ツールの機能を一般には「Undo」（アンドゥ）といい、【やり直し】ツールの機能は「Redo」（リドゥ）です。どちらも頻繁に使うのでツールをクリックするのではなく、ショートカットキーを押すのが普通です。
AutoCADでは【元に戻す】ツールのショートカットキーが [Ctrl] + [Z] キーで、【やり直し】ツールが [Ctrl] + [Y] キーです。これはたいていのWindowsソフトと共通ですのでぜひ覚えてください。

One Point

「[Ctrl] + [Z] キーを押す」とは [Ctrl]（コントロール）キーを押しながら [Z] キーを押すことです。一般に右利きの人なら [Ctrl] キーを左手の小指で押し、他のキー（ここでは [Z] キー）を左手の小指以外の指で押します。

One Point

【元に戻す】ツールと【やり直し】ツールの右側に▼マークがあり、これをクリックすると履歴の一覧が表示されます。この一覧の操作をクリックすれば一気に何段階も遡れます。しかしショートカットキーを連続して押したほうが確実に戻れるので▼を使うことはないと思います。

 **2.9** 図形を選択し削除する

図形を描く練習するとき、図形の削除方法を知らないとすぐに作図ウィンドウが図形で一杯になり先に進めなくなります。そこで図形を選択する方法と削除する方法を説明します。

2.9.1 図形を選択する

　図形を選択するのは削除のときだけでなく図形を加工・編集・修正するときにも使うので重要な機能です。そのため選択機能はたくさん用意されています。しかしここでは頻繁に使う方法を説明し、他の方法は必要になったときに取り上げます。

▶▶ **全部の図形を選択する**
　図形を全部選択するには次のように操作します。

1 【オブジェクト範囲ズーム】ツールをクリックして全図形が見えるようにする
　※ファイルを開いたら【オブジェクト範囲ズーム】ツールをクリックしてください。以後この操作は手順に記しません。
2 [Ctrl] + [A] キーを押す
3 全図形を選択できたことが確認できたら [Esc] キーを押して選択を解除する

One Point

　選択した図形には青い■が表示されます。これを「グリップ」と呼びます。

直線には3つのグリップが表示される

▶▶ **選択の解除**
　何らかの理由で選択を解除したいときは [Esc] キーを押します。一部の図形だけを選択解除したいときは [Shift] キーを押しながらその図形をクリックします。

【オブジェクト範囲ズーム】ツール

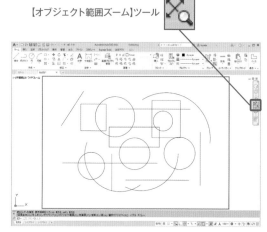

Ex202.dwg

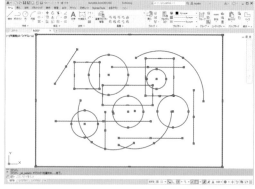

[Ctrl] + [A]キーを押して全ての図形を選択したところ

One Point

　選択にはツールを用いません。図形を選択したいときに何らかのツールが起動していたら [Esc] キーを押してツールを終了させ、そのあと選択します。
　ツールが何も起動していない状態を「CADのアイドリング状態」といい、選択ぐらいしかできないので緊張がほぐれるときです。

▶▶ 図形を一つずつ選択する

図形をクリックするとその図形を選択できます。さらに他の図形をクリックするとその図形も選択できます。

1️⃣ いくつかの図形をクリックして選択する
2️⃣ 選択できたことを確認したら [Esc] キーを押して選択解除する

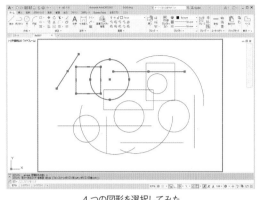

4 つの図形を選択してみた

▶▶ 範囲指定で図形を選択する

範囲で囲って選択すると多数の図形を一気に選択できます。選択は範囲の対角2点をクリックして指定しますが、2点の指定する方向（右か左か）で結果が異なります。

◆窓選択=右方向に範囲指定する

右方向（右上方向または右下方向）に範囲を指定するとその範囲に完全に含まれている図形が選択されます。この選択方法を「窓選択」といいます。

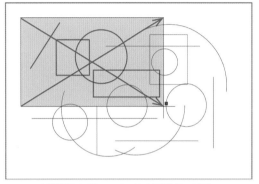

窓選択（右方向）　ハイライト表示（太線で表示）の
図形が選択される

◆交差選択=左方向に範囲指定する

左方向（左上方向または左下方向）に範囲を指定するとその範囲に完全に含まれている図形と、範囲と少しでも交差している図形の両方が選択されます。この選択方法を「交差選択」といいます。

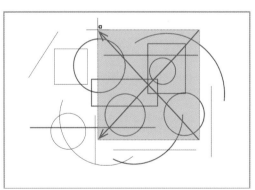

交差選択（左方向）　範囲に含まれる図形と交差する
図形の両方が選択される

図形を削除する

図形を削除するには図形を選択してから削除するのがやりやすい方法です。

1️⃣ 1つあるいは複数の図形を選択する

2️⃣ [Delete] キーを押すか、【削除】ツールをク
リックする

※ [Delete] キーは【削除】ツールのショートカット
キー。

One Point

削除するとき [Delete] キーを押しますが、間違えて
[Back Space] キーを押すと削除できないし、そのあと
[Delete]キーを押してもたいていは削除できません。
そんなときは【削除】ツールをクリックしてください。

One Point

【削除】ツールは図形を選択したあとクリックする手順を
紹介しましたが、【削除】ツールを先にクリックする方法
もあります。

1️⃣ 【削除】ツールをクリックする

2️⃣ 削除したい図形を選択する

3️⃣ [スペース]キーを押す(選択を確定＝削除)

この「ツールをクリック」→「対象図形を選択」→「選択確
定」という手順は多くの編集用ツール(【複写】ツールや
【移動】ツールなど)でも使えます。

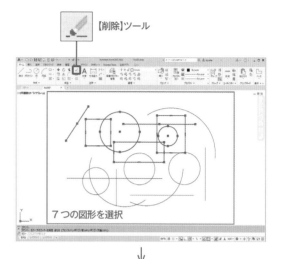

【削除】ツール

7つの図形を選択

↓

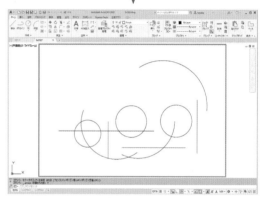

削除した結果

2.10 作図補助ツールの使い方 Ex202.dwg

31ページで紹介した作図補助ツールのうち、本書で使用する4つの作図補助ツールについて簡単に説明します。

2.10.1 本書で使用する作図補助ツール

「2.4.1.作図補助ツールの名前」（31ページ）で表示させたツールのうち図の4つを常時オンにします。たまにオフにしますがそのときには説明します。

【ダイナミック入力】
【極トラッキング】
【オブジェクトスナップトラッキング】
【オブジェクトスナップ】

2.10.2 ダイナミック入力

【ダイナミック入力】をオンにするとカーソルのそばに作図に必要な情報が表示されます。以前はコマンドウィンドウに表示されていたので作図中にカーソルとコマンドウィンドウの両方を見る必要がありました。しかし【ダイナミック入力】ができてからはカーソルの近くだけを見ていればよいようになりました。

※首を上下しなくてもよいのでこれをAutodesk社は「ヘッドアップ デザイン」と呼んでいます。「頭を上げたまま設計をする」という意味です。

【長方形】ツールで【ダイナミック入力】の働きを見てみます。

1 【長方形】ツールをクリックする
2 任意の点（A点）をクリックする
3 カーソルを動かす
　※動かす方向は任意です。図では右下方向に動かしてます。
4 [↓]キー（下向きの方向キー）を押して様子を観察する
5 さらにカーソルを動かし任意の点をクリックして長方形を描く

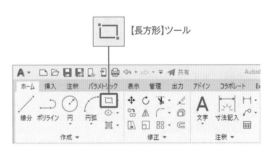

【長方形】ツール

これらの表示が【ダイナミック入力】によるもの

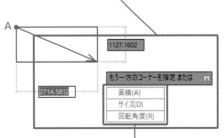

1127.1602

もう一方のコーナーを指定 または
面積(A)
サイズ(D)
回転角度(R)

2714.5812

[↓]キーを押すとオプションの項目が表示され、クリックした項目が適用される。クリックしなければデフォルトの操作を続けられる

2.10.3 極トラッキング

　【極トラッキング】をオンにするとマウス操作だけで線の方向を水平垂直とか指定した角度に合わせられます。本書では「15°」に設定しています（32ページ）。こうすれば15°の整数倍（0°、15°、30°、45°、60°、75°、90°、～、345°）に合わせられます。

1️⃣ ステータスバーの【極トラッキング】を右クリックして設定を確認する
2️⃣ 【線分】ツールをクリックする
3️⃣ 任意の点（A点）をクリックする
4️⃣ カーソルを右上方向に動かし、「30°」と表示される方向を探す
5️⃣ 極トラッキングベクトルが表示される方向の任意点でクリックして線を描く

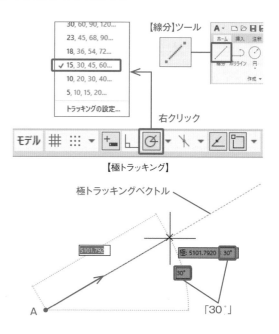

　以上のように【極トラッキング】により0°、15°、30°、45°、60°・・・で極トラッキング ベクトルが表示されて正確な角度で図形を描けるようになります。

2.10.4 オブジェクトスナップ

　【オブジェクトスナップ】は多くのCADでスナップと呼ぶ機能です（AutoCAD ではグリッドスナップを「スナップ」と呼びます）。【オブジェクトスナップ】をオンにすると図形の端点や中点などにスナップ（ヒット）するようになります。図形の点のうち何にスナップさせるかは32ページで設定していますので確認します。【オブジェクトスナップ】の使い方は第4章以降の製図する中で練習します。

1️⃣ 【オブジェクトスナップ】を右クリックして設定内容を確認する
　※「端点」、「中点」、「点」、「交点」、「挿入基点」の5項目にチェックが入っているはずです。

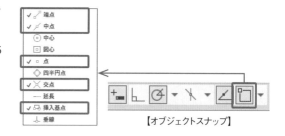

2.10.5 オブジェクトスナップトラッキング

　【オブジェクトスナップトラッキング】は基準になる点から離れた位置を指定するときに使う機能です。慣れるまで練習が必要ですがとても便利な補助機能です。具体的な使い方は第4章以降で説明します。
　基準になる点は【オブジェクトスナップ】で設定した点です。このため【オブジェクトスナップトラッキング】で設定することはありません。
※特殊な使い方での設定はありますが本書では使わないので説明を略します。

3

製図の準備

AutoCADを実際に仕事で使うときはテンプレートを開いて図面を描きはじめます。テンプレートとは各種の準備を済ませたファイルのことでユーザーが準備するものです。

テンプレート（template）の原意は型板とか定型書式といった意味ですがAutoCADでは用紙枠・縮尺・線種・画層（レイヤ）・寸法スタイルなどの準備を済ませたファイルのことです。テンプレートは特別なファイルではなく、普通のファイルをテンプレートとして別名保存すればテンプレートファイルを作れます。

これから簡単なテンプレートの作り方を説明します。これがそのまま図面を作成するための準備の説明になります。

3.1 注釈尺度を設定する

CADで図面を描くとき最初に図面サイズと縮尺を決めるものですが、AutoCADはもともと原寸型CADで図形を原寸で描き図面サイズと縮尺は印刷するときに決めればよいというコンセプトで開発されています（ただし文字スタイル・寸法スタイルは縮尺を意識して設定する）。

原寸型CADは高い柔軟性があるのですが、高い柔軟性はビギナーから見ると高いハードルに見えます。このためかAutoCAD 2008から「注釈尺度」という機能が付きました。「注釈」とは文字や寸法などのことで、注釈尺度を設定することで以前のように縮尺のことを気にせずに文字や寸法を記入できるようになりました。また注釈尺度に関しては旧バージョンのAutoCADと双方向に互換がとれています。

3.1.1 練習用ファイルを開く

練習用ファイルを開きます。

1. 【開く】ツールをクリックする
2. 「AC2022_Data」フォルダの「Ch_3」フォルダにある「Ex301.dwg」を開く

「Ex301.dwg」は新規作成したファイルをそのまま保存したファイルで、変えたのは画面の表示だけです。すなわちグリッドを非表示にし（29ページ）、「ViewCube」を非表示にしています（30ページ）。

【開く】ツール

3.1.2 注釈尺度を設定する

注釈尺度として建築図面でよく使う「縮尺：1/100」に設定します。

1. ステータスバーの［注釈尺度］ボタンをクリックする
2. 尺度のリストで「1:100」をクリックする

One Point

「1:200」や「1:500」など尺度リストに無い尺度は【カスタム】をクリックして加えたい尺度を入力します。
リストにある「2:1」（2倍）～「100:1」（100倍）は建築設計で使うことはありません。

「パーセント」にチェックを付けると「1:100/1%」などと表示されるが建築製図では不要

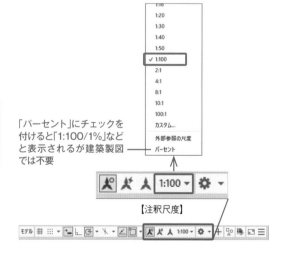

【注釈尺度】

3.2 線種の準備

新規ファイルにある線種は実線だけです。建築図面では実線の他に破線と一点鎖線を使うのでこれらを読み込みます。

☐1 【線種】をクリックし、線種リストを表示させ「その他」をクリックする

※【線種】は [ホーム] タブの [プロパティ] パネルにあります。

☐2 「線種管理」ダイアログで [ロード] ボタンをクリックする

☐3 「線種のロードまたは再ロード」ダイアログで [Ctrl] キーを押しながら「ACAD_ISO02 W100」と「ACAD_ISO10W100」をクリックして選択する

☐4 [OK] をクリックして「線種管理」ダイアログに戻る

☐5 「線種管理」ダイアログの下部に詳細が表示されていないときは [詳細を表示/非表示] をクリックする

☐6 「グローバル線種尺度」に＜0.5＞をキーインする

※本書ではボックスに記入することを「キーイン」と記します。なお「キーイン」したあと [Enter] キーを押すことを「入力する」と記して区別しています。

☐7 [OK] をクリックして作図ウィンドウに戻る

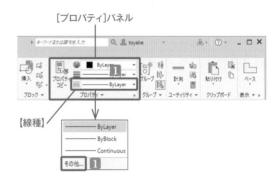

[プロパティ]パネル

【線種】

One Point

「線種管理」ダイアログの線種リストにある「Continuous（コンティニュアス）」は実線のことです。「ByLayer」は「画層で設定している線種」という意味で、画層（レイヤ）の項で説明します。

One Point

「線種尺度」とは一点鎖線や破線の表示の尺度のことで数値が小さいほど繊細になります（デフォルト=1）。「グローバル」とはその図面全体に対する設定という意味です。

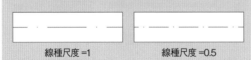

線種尺度 =1 　　　　　線種尺度 =0.5

[詳細を表示 / 非表示]

これが詳細

3.3 画層の準備

 Ex302.dwg

一般のCADで「レイヤ」と呼んでいる機能をAutoCADでは「画層」と呼びます。デフォルトの画層として「0」画層があり、これだけで図面を作成をすることが可能ですが、加筆・修正のときに面倒なことになりますし、チームで設計するときに他のメンバーに迷惑をかけてしまいます。せっかくCADを使うのですからCADならではの機能の「画層」機能を活用して図面を作成してください。

1 【画層プロパティ管理】ツールをクリックする

※【画層プロパティ管理】ツールは［ホーム］タブの［画層］パネルにあります。

2 「画層プロパティ管理」パレットで［新規作成］ボタンをクリックする

3 新しい画層ができるので名前を「C_Line」に変える

4 色の欄をクリックし、「色選択」ダイアログで赤（red）をクリックしてから［OK］をクリックする

5 線種の欄をクリックし、「線種を選択」ダイアログで「ACAD_ISO10W100」をクリックしてから［OK］をクリックする

6 線の太さ欄をクリックし、「線の太さ」ダイアログで「0.09 mm」をクリックしてから［OK］をクリックする

引き続き画層を作成するのでパレットは開いたままにしておきます。

One Point

画層名にかな漢字を使えますが、データを他のソフト（3Dソフト、ドローソフトなど）で使う予定があるなら半角英数字（正確には1バイトの英数字）の画層名にしておきます。

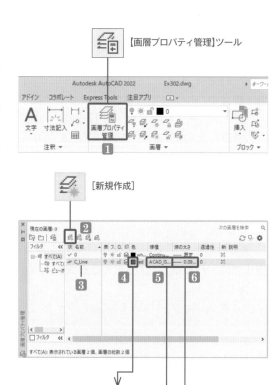

［画層プロパティ管理］ツール

［新規作成］

7 引き続き「画層プロパティ管理」パレットで［新規作成］ボタンをクリックする
※【画層プロパティ管理】ツールは［ホーム］タブの［画層］パネルにあります。

8 新しい画層ができるので名前を「Frame」に変える

9 色の欄をクリックし、「色選択」ダイアログで黒（white）をクリックしてから［OK］をクリックする

One Point

> AutoCADでは黒を「white」と表記することがあります。これは作図ウィンドウを黒にしていた時代の名残りです。現在でも黒画面にすると黒線は白色で表示されます。

10 線種の欄をクリックし、「線種を選択」ダイアログで「Continuous」（実線）をクリックしてから［OK］をクリックする

11 線の太さ欄をクリックし、「線の太さ」ダイアログで「0.25 mm」をクリックしてから［OK］をクリックする

12 「画層プロパティ管理」パレットの［閉じる］ボタンをクリックしてパレットを閉じる

　他の画層の作成手順も同じなので、2つの画層を作成したところで次に進みます。

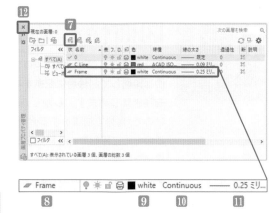

One Point

> 建築製図では多数（数十）の画層を使う例があります。しかし特別な理由がないならば10前後が適当で、製図しやすい画層数です。平面図なら次のような画層を用意すればよいでしょう。
>
> ◆「Frame」画層　　　　　図面／タイトル枠
> ◆「Site」画層　　　　　　敷地・外構
> ◆「C_Line」画層　　　　　通り芯線
> ◆「Body」画層　　　　　躯体
> ◆「Finish」画層　　　　　仕上げ
> ◆「Fitting」画層　　　　　建具
> ◆「Misc」画層　　　　　　雑線
> ◆「Dim」画層　　　　　　寸法
> ◆「Text」画層　　　　　　文字
>
> これらの他に設備設計・構造設計・確認申請などの加筆項目があるなら、それぞれの画層を用意します。なおAutoCADの画層の数は事実上制限がありません。

3.4 図面枠とタイトル枠を描く

 Ex303.dwg

AutoCADは原寸型のCADで事実上無制限の大きさの図形を描けます。しかし図面は印刷して関係者に配布するので、印刷するときの用紙の大きさを決めてから図面を描きはじめます。しかしAutoCADには用紙による制限がないので（自由度が高いので）自分で制限をする必要があります。

このために印刷できる範囲を示す図面枠を描いておきます。すなわち図面枠の内側に描いた図形は必ず印刷できるので、図面枠からはみ出さないように図面を作成すればよいのです。これから「縮尺が1/100」で「用紙がA3判」の場合の図面枠を描きます。

3.4.1 図面枠の長方形を描く

図面枠の大きさの長方形を描きます。サイズは56ページのOne Pointの表を参照してください。

1 【画層】をクリックし、画層リストの「Frame」画層をクリックする

※【画層】は［ホーム］タブの［画層］パネルにあります。

※このあと描く図形は「Frame」画層に含まれます。このようにそのときの画層を「現在画層」といいます。

2 ［プロパティ］パネルの3項目が「ByLayer」になっているのを確認する

3 【長方形】ツールをクリックする

※【長方形】ツールは［ホーム］タブの［作成］パネルにあります。

4 <0,0>を入力する

※「<0,0>を入力する」とは 0,0 の3文字をキーインしてから［Enter］キーを押します。

5 <38500,27700>を入力する

※長方形が巨大すぎるためこの段階では見えません。

6 【オブジェクト範囲ズーム】ツールをクリックする

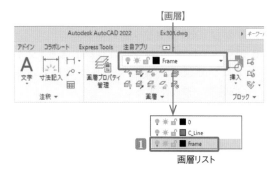

［画層］

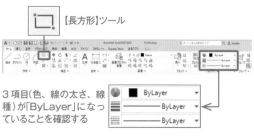

【長方形】ツール

3項目(色、線の太さ、線種)が「ByLayer」になっていることを確認する

【オブジェクト範囲ズーム】ツール

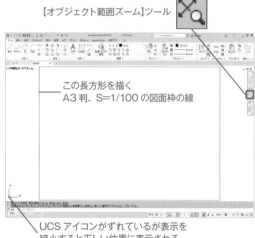

この長方形を描く
A3判、S=1/100 の図面枠の線

UCSアイコンがずれているが表示を縮小すると正しい位置に表示される

One Point

【ダイナミック入力】がオンのとき【長方形】ツールで描く長方形の1点目は絶対座標、2点目は相対座標と解釈されます。なお本書では【ダイナミック入力】は常にオンです。

One Point

A3判の用紙の大きさは420×297mm（幅が420mmで高さが297mm）です。縮尺が1/100すなわち1/100で印刷するという意味なので、原寸では100倍の大きさの42000×29700mmです。これから用紙周辺の空きを引いて38500×27700mmが図面枠のサイズになります。他の用紙サイズについては56ページのOne Pointを参照してください。

図面枠の下部に図面名などのタイトルを記入するスペースを作ります。

1 図のように図面枠の下部が見えるように少しスクロールする（36ページ）

2 【長方形】ツールをクリックする

3 A点にカーソルを近づけて□のマーカーが表示されたらクリックする

※□は端点のマーカーで【オブジェクトスナップ】（44ページ）の働きです。

4 <-10000,1600>mmを入力して長方形を描く

5 いま描いた長方形を拡大表示する

6 【線分】ツールをクリックする

7 B点（中点）をクリックしてからC点（中点）をクリックする

※中点のマーカーは△です。

8 ［スペース］キーを押す（【線分】ツール終了）

9 ［スペース］キーを押す（【線分】ツール再開）

10 D点（端点）にカーソルを合わせ一呼吸待ってからカーソルを左水平方向に動かすと破線が表示されるので<2500>を入力してE点を確定する

※この10ではクリックしないことに留意してください。

11 E点から真下方向に動かしF点（交点）でクリックする

12 ［スペース］キーを押す（ツール終了）

One Point

手順の10の操作は分かりにくいところがありますが、何回か繰り返してマスターしてください。この操作は【オブジェクトスナップトラッキング】（44ページ）の働きによるものでとても役立ちます。
手描き製図では補助線を多用しますが、AutoCADでは【オブジェクトスナップトラッキング】を使えば、補助線が不要になります。

CHAPTER

3

製図の準備

【長方形】ツール

この長方形を描く

A

【線分】ツール

B ● ──────── ● C

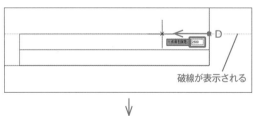

D

破線が表示される

↓

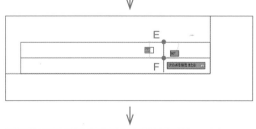

E

F

↓

結果

3.5 文字スタイルを設定する

Ex304.dwg

文字のフォントなどは「文字スタイル」で設定しておきます。文字スタイルはファイルごとに設定するものなので練習用ファイルにも設定します。

1. [注釈] パネルのタイトルをクリックすると4つのボタンとツールが現れるので、【文字スタイル管理】ツールをクリックする

2. 「文字スタイル管理」ダイアログで [新規作成] をクリックする

3. 「新しい文字スタイル」ダイアログで適当なスタイル名、たとえば<My_Text>とキーインしてから [OK] をクリックする

4. 現在の文字スタイルが「My_Text」になっているのを確認する

5. フォント名で適当なフォントたとえば「MS P明朝」を選択する

6. 「異尺度対応」にチェックを入れる

7. [適用] をクリックしてから [閉じる] をクリックして作図ウィンドウに戻る

One Point

5でフォント名を選択するとき [M] キーを押すと頭文字がMのフォントにジャンプします（かな漢字変換をオフにしてキーを押してください）。

One Point

フォント名に「@」が付くフォントは縦書き用フォントです。建築設計図では縦書き用フォントを使わないので選択しないでください。

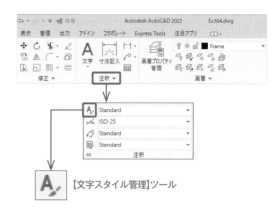

【文字スタイル管理】ツール

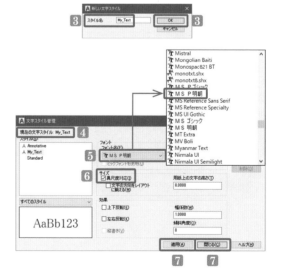

3.6 寸法スタイルを設定する

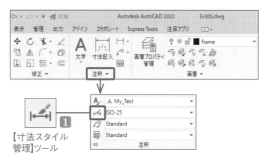

寸法の形（デザイン）や文字を寸法スタイルで設定します。寸法スタイルはファイル
ごとに設定するものなので練習用ファイルにも設定します。

Ex305.dwg

1 ［注釈］パネルのタイトルをクリックし【寸法
スタイル管理】ツールをクリックする

2 「寸法スタイル管理」ダイアログで［新規作
成］をクリックする

3 「寸法スタイルを新規作成」ダイアログで、
たとえば<My_Dim>とキーインする

4 「異尺度対応」にチェックを入れる

5 ［続ける］をクリックする

6 「寸法スタイルを新規作成」ダイアログで［寸
法線］タブで次のように設定する
◆「補助線延長長さ」=<0>
◆「起点からのオフセット」=<1.5>mm

7 ［シンボルと矢印］タブで次のように設定する
◆矢印の1番目で「黒丸」を選択する
◆「矢印のサイズ」=<0.8>mm

【寸法スタイル
管理】ツール

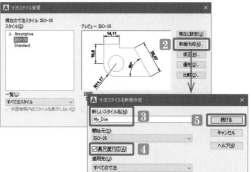

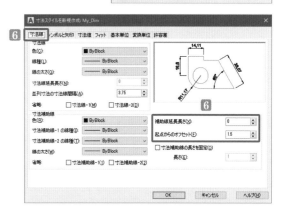

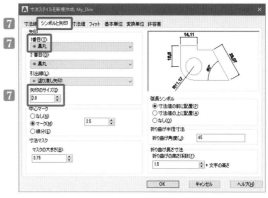

8 ［寸法値］タブの文字スタイルで「My_Text」
を選択する

9 ［フィット］タブで「寸法値の配置」の「引出
線なしに寸法値を自由に移動」にチェックを
入れる

10 ［基本単位］タブで次のように設定する
　◆長さ寸法の「精度」の「0」を選択する
　◆角度寸法の「単位の形式」で「度/分/秒」を
　選択する
　◆角度寸法の「精度」で「0d00' 00"」を選択
　する

11 ［OK］をクリックする
※《変換単位》タブと《許容差》タブはデフォルトの
ままとします。

12 「寸法スタイル管理」ダイアログに戻るので
「My_Dim」が現在の寸法スタイルになって
いるのを確認してから［閉じる］をクリック
する

　以上で準備が終わりました。最後にテンプ
レートファイルとして保存します。

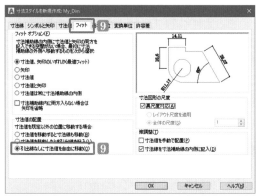

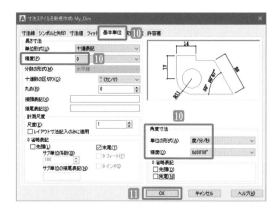

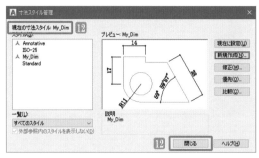

3.7 テンプレートとして保存する

📥 **Ex306.dwg**

これまで準備を積み重ねてきた練習用ファイルをテンプレートとして保存します。

3.7.1 テンプレートファイルを保存

1. クイックアクセスツールバーの【名前を付けて保存】ツールをクリックする
2. 「図面に名前を付けて保存」ダイアログの「ファイルの種類」で「AutoCAD 図面テンプレート(*.dwt)」を選択する
3. 保存先が「Template」フォルダになっているのを確認する
4. ファイル名に適当な名前、たとえば<My_Temp_A3_100>とキーインする
5. [保存] をクリックする
6. 「テンプレート オプション」ダイアログで適当なコメント、たとえば<A3 1/100>などとキーインしてから [OK] をクリックする（空欄のままでもかまわない）

【名前を付けて保存】ツール

3.7.2 テンプレートを使う

保存したテンプレートを開いてみます。

1. クイックアクセスツールバーの【クイック新規作成】ツールをクリックする
2. 「テンプレートを選択」ダイアログが開くので「My_Temp_A3_100.dwt」を探し、見つけたらクリックして選択する
3. [開く] をクリックする

　以上の操作で「My_Temp_A3_100.dwt」の内容のファイルが新規ファイルとして開きます。

【クイック新規作成】ツール

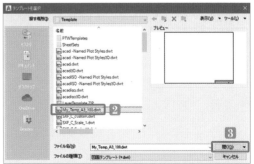

テンプレートを開いてもファイル名が
「Drawing○.dwg」(○は数字)になっていること
に注目してください。このファイルで図面を作
成したあとで上書き保存しても、テンプレート
の内容は変わりません。これがテンプレートの
特徴です。

なおテンプレートを修正し保存したいときは
【名前を付けて保存】ツールでテンプレートとし
て上書き保存します。

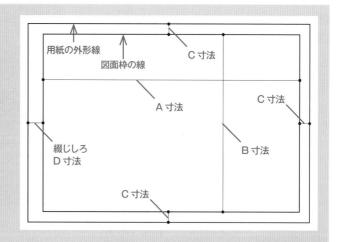

ファイル名が「Drawing ○ .dwg」になる

One Point

テンプレートを開くと、そのあとAutoCADの《スタート》
タブの[新規作成]で新規ファイルを開くとそのテンプ
レートの内容になります。
他のテンプレートを使いたいときは【クイック新規作成】
ツールをクリックします。これでテンプレートを選択で
きます。

One Point

図面枠のサイズ

50ページでは用紙がA3判で縮尺が
1/100の図面枠の作成手順を紹介しま
したが、他の用紙サイズあるいは縮尺の図
面枠を描くことがあります。この図面枠
のサイズは計算すれば簡単にわかります
が、計算結果の表があれば便利なのでここ
に掲載します。

用紙の外形線
図面枠の線
C 寸法
C 寸法
A 寸法
B 寸法
綴じしろ
D 寸法
C 寸法

	A0判	A1判	A2判	A3判	A4判
A寸法 (1:1)	1,189mm	841mm	594mm	420mm	297mm
B寸法 (1:1)	841mm	594mm	420mm	297mm	210mm
C寸法 (1:1)	20mm	20mm	10mm	10mm	10mm
D寸法 (1:1)	25mm	25mm	25mm	25mm	25mm
図面枠サイズ (1:1)	1,144×801	796×554	559×400	385×277	262×190
図面枠サイズ (1:20)	22,880×16,020	15,920×11,080	11,180×8,000	7,700×5,540	5,240×3,800
図面枠サイズ (1:50)	57,200×40,050	39,800×27,700	27,950×20,000	19,250×13,850	13,100×9,500
図面枠サイズ (1:100)	114,400×80,100	79,600×55,400	55,900×40,000	38,500×27,700	26,200×19,000
図面枠サイズ (1:200)	228,800×160,200	159,200×110,800	111,800×80,000	77,000×55,400	52,400×38,000

単位はすべてミリメートル

平面図の作成

これから建築製図の実際を体験します。課題は一戸建ての2階建て木造住宅です。

一般に住宅の設計図はA2判の用紙で20〜40枚の図面を描きますが、本書はその

うちもっとも重要な3種類の図面、すなわち平面図・立面図・断面図を作成します。

本章は平面図のうち1階平面図を作成します。

4.1 課題の住宅について

第4章以降で課題として取り上げる住宅について説明します。

4.1.1 課題の住宅の種類

　課題の住宅は木造2階建ての住宅で1階にスモールオフィスを備えています。工法は在来工法（軸組み構造）あるいは2×4（ツーバイフォー）工法のどちらでも可能なプランとしました。図面表現も在来工法・2×4工法・一部のプレファブ工法のいずれでも使える表現、すなわち構造材を省略した表現で描いています。構造材は別図面で表現するというケースです。モジュール（グリッド間隔）は日本の住宅で最もよく使われている「910mm」を採用しています。

4.1.2 本書での練習方法

　本書のメイン部分はこの第4章からはじまります。第4章で平面図、第5章で立面図、第6章で断面図を作成しますが、いずれもチュートリアル（自習課題）形式の課題になっていて、記載通りに操作していただければ自然に図面が完成します。

　この操作を通してAutoCADの操作法および建築図面の作成手順を習得します。ただし1回だけ完成させても習得は無理です。何回も（最低5回）繰り返して、はじめて習得できるものです。

- ◆1回目と2回目　　記載していることを操作するのに手一杯で他のことを考えられない
- ◆3回目と4回目　　記載している操作がどんな意味を持っているかに注意が向くようになる
- ◆5回目以降　　　　記載している方法の他に方法はないかなど、スキルを高めるための勉強がはじまる

　上に示した進歩度合は普通以上の能力のある人、すなわちCADセンス・図面センスのある人の場合です。人によっては数倍の時間がかかるかもしれませんが、図面作成のスキルは経験時間と経験回数に比例して確実に身に付くもので近道はありません。しかし上達しているという実感があるので練習を重ねるほど楽しくなります。

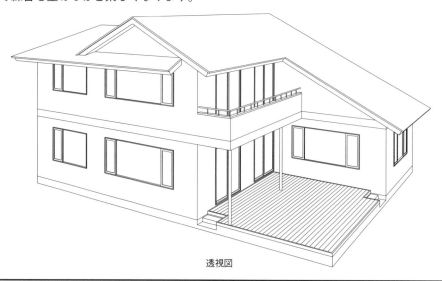

透視図

1階平面図

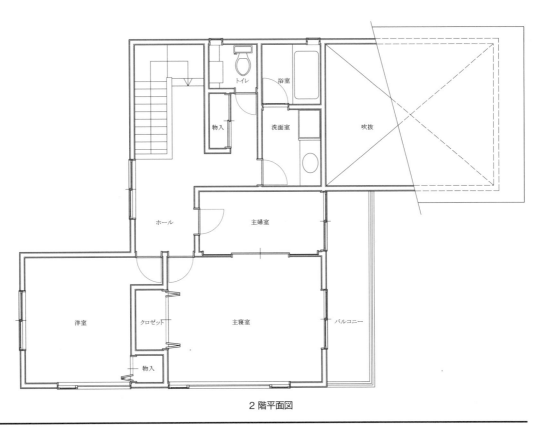

2階平面図

平面図の完成図

本章で作成する平面図の完成図を示します。
この平面図の作成方針は次のとおりです。

製図のPOINT ➤➤ 平面図を描く

① 縮尺が1/50なので壁の躯体線と仕上げ線を分けて描きます。

② 建具は枠と障子（可動部）を分けて描きます。

③ 平面図は床から1.5メートルの位置での水平断面図です。このため壁の仕上げ線が 断面の外形線となるため太線で表現します。

④ 上部にある吊戸棚など断面位置より高い位置にあるものは展開図で表現するものなので平面図には記入しません。ただし吹抜の範囲は記入します。

⑤ 工事に含まないもの、たとえば冷蔵庫や食器棚は破線で示します。ただし自動車は添景とみなし実線で描きます。

⑥ レイアウトは慣例に従い北を上にして平面図を作成します。

⑦ 平面図の作成に通り芯線を使いますが、完成時には通り芯線は不要なので非表示にします。

⑧ 本書で描く平面図には柱や間柱あるいはスタッド（2×4建築）を記入しません。これは応用範囲の広い作図法を紹介するためです。

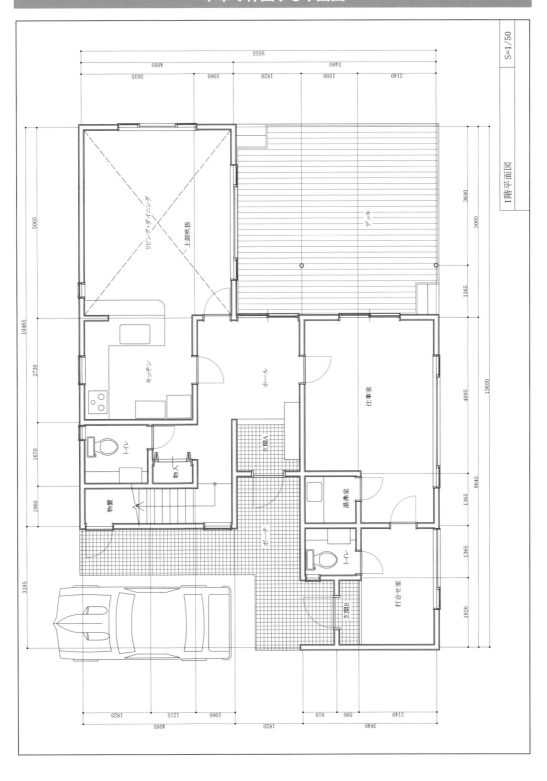

S=1/50

1階平面図

4.3 通り芯線を描く

Ex401.dwg

一般建築の設計図では通り芯線をあたりまえのように使いますが、木造住宅は通り芯線がなくても全体の把握が容易であり、通り芯線があるとかえって図面が読みにくくなるなどいくつかの理由で木造住宅の図面では通り芯線を使わないことが多いものです。しかし通り芯線を使うと全体のレイアウトが簡単になる、壁の位置のミスが減る、寸法記入に役立つなどメリットが多くありますので本書では通り芯線を使います。ただし図面の完成時には図面を読みやすくするために通り芯線を非表示にします。

通り芯線の完成図

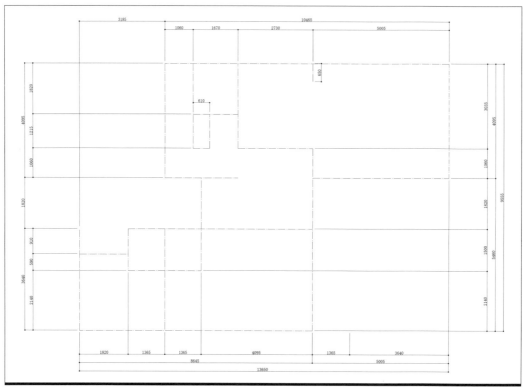

※この図では通り芯線を太く表示しています。また参考のために寸法を記入しています。

製図のPOINT ▶ 通り芯線を描く

① 課題の住宅は910mmのモジュール（グリッド）に乗っています。グリッドは戸建ての住宅設計でよく使いますが、一般建築ではグリッドを使うのは稀です。このため本書ではグリッド機能を使わずに、汎用的な方法で通り芯線を描きます。

② 通り芯線は「C_Line」画層に描きます。画層の設定は色：red（赤）、線種：ACAD_ISO10W100、線の太さ：0.09mm

使用するツール

通り芯線を描くのに用いるツールの名前と場所をここでまとめて示します。

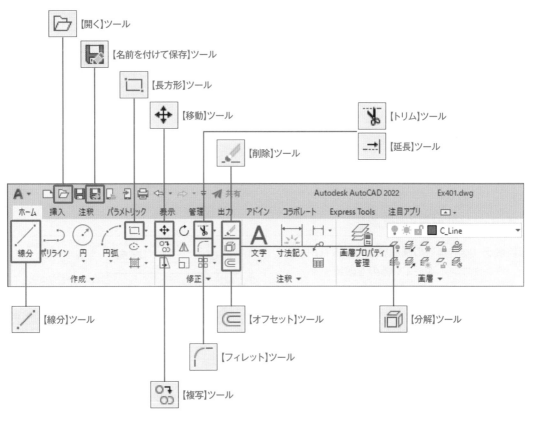

001　練習用ファイルを開く

各種の設定を済ませた練習用ファイルを開きます。

1. クイックアクセスツールバーの【開く】ツールをクリックする
2. 練習用データ「Ex401.dwg」を開く
3. 【オブジェクト範囲ズーム】ツールをクリックして全体を表示させる

　【開く】ツール

【オブジェクト範囲ズーム】ツール

Ex401.dwg

「Ex401.dwg」は「A3判用紙・縮尺=1/50」に設定し、本章のための準備を済ませたデータファイルです

002 現在画層の設定

1. 【画層】をクリックして画層リストを表示させどんな画層があるか観察する
2. 「C_Line」画層が現在画層になっているのを確認する

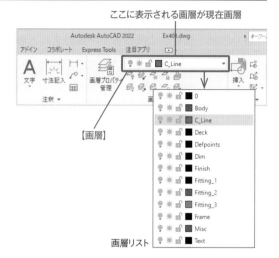

ここに表示される画層が現在画層

【画層】

画層リスト

003 補助機能の確認

1. ステータスバーの補助機能のうち常用の4ボタンがオンになっているのを確認する

One Point

補助機能の各ボタンは32ページで説明した設定になっているはずです。まだ設定していないなら、ここで設定してください。

【ダイナミック入力】
【極トラッキング】
【オブジェクトスナップトラッキング】
【オブジェクトスナップ】

004 建物の大きさの長方形を描く

レイアウトを決めるために建物の大きさの長方形を描きます。

1. 【長方形】ツールをクリックする
2. 任意の点（A点）をクリックする
3. ＜13650,9555＞を入力する

One Point

＜13650,9555＞で入力するのは数値と「,」（カンマ）だけで両側の＜ ＞は入力しないでください（以後同様）。数値や文字のキーインを始めるとカーソルのそばのフィールドに数値/文字が現れます。

【長方形】ツール

この長方形を描く

A

A点をこのたありにするとあとの作業が楽になる

005　長方形に対角線を描く

位置合わせに使う対角線を描きます。

1. 【線分】ツールをクリックする
2. A点（端点）とB点（端点）でクリックする
3. ［スペース］キーを2回押す（ツール終了と再開）
4. C点（端点）とD点（端点）をクリックする
5. ［スペース］キーを押す（ツール終了）

One Point

3で［スペース］キーを2回押しますが、最初の［スペース］キーが【線分】ツールの終了で、2回目が【線分】ツールの再開です。なお［スペース］キーを押すことは右クリックで代用できます（28ページ）。

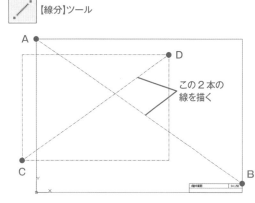

【線分】ツール

この2本の線を描く

見やすいように通り芯線を黒色で表示している

006　長方形を中央に移動する

長方形を作図範囲の中央に移動します。

1. P（長方形）とQ（直線）をクリックして選択する
2. 【移動】ツールをクリックする
3. A点（中点）をクリックしてからB点（中点）をクリックする
4. 最後にQ線とR線を削除する（削除の方法は42ページ）

結果は次ステップの図を参照してください。

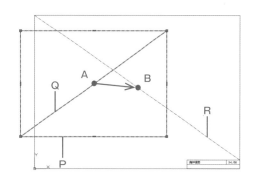

【移動】ツール

007　2つの長方形を描く

課題の建物は住居部分とスモールオフィス部分の2つのブロックをホールで接続する構成になっています。2つのブロックを【長方形】ツールで描きます。

1. 【長方形】ツールをクリックする
2. A点（端点）をクリックする
3. ＜8645,3640＞を入力する
4. ［スペース］キーを押す（ツール再開）
5. B点（端点）をクリックする
6. ＜−10465,−4095＞を入力する
7. 最後にP長方形を削除する

【長方形】ツール

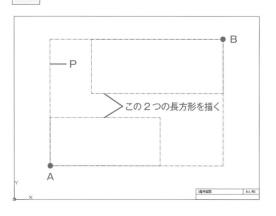

この2つの長方形を描く

008　長方形を分解する

あとの図形編集をやりやすくするために長方形（ポリライン）を線分に分解します。

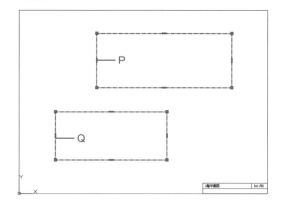

【分解】ツール

1　2つの長方形（PとQ）を選択する
2　【分解】ツールをクリックする

以上で長方形は4本の線分に分解されます。

One Point

カーソルを任意の線に近づけると線分が太く表示され（ハイライト表示という）、ロールオーバーツールチップが表示され、線分に分解されたことが分かります。

カーソル

ロールオーバーツールチップ

009　通り芯線を複写する（1）

通り芯線を複写します。

【複写】ツール　　極トラッキングベクトル

1　P線をクリックして選択する
2　【複写】ツールをクリックする
3　任意点（A点）をクリックしてから右水平方向にカーソルを動かし、極トラッキングベクトルが現れるのを確認する
4　<1060>を入力する
5　<2730>を入力する
6　［スペース］キーを押す（ツール終了）

One Point

手順3で極トラッキングベクトルを確認したらマウスから手を離すと、方向が変わらないため安全です。

結果

010　通り芯線を複写する（2）

引き続き通り芯線を複写します。

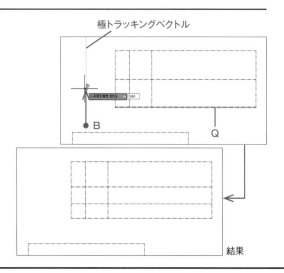

極トラッキングベクトル

1　Q線をクリックして選択する
2　【複写】ツールをクリックする
3　任意点（B点）をクリックしてから真上方向にカーソルを動かし、極トラッキングベクトルが現れるのを確認する
4　<1060>を入力する
5　<2275>を入力する
6　［スペース］キーを押す（ツール終了）

通り芯線を【複写】ツールで複写しましたが【オフセット】ツールでもできます。次ステップでは【オフセット】ツールで複写してみます。

結果

011　通り芯線を複写する（3）

【オフセット】ツールで通り芯線を複写します。

【オフセット】ツール

1. 【オフセット】ツールをクリックする
2. ＜1820＞を入力する（間隔）
3. P線をクリックしてP線の右側をクリックしてQ線を生成する
4. ［スペース］キーを2回押す（終了と再開）
5. ＜1365＞を入力する（間隔）
6. Q線をクリックしてQ線の右側をクリックしてR線を生成する
7. R線をクリックしてR線の右側をクリックする
8. ［スペース］キーを押す（ツール終了）

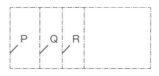

複写したあとの図

012　通り芯線を複写する（4）

引き続き通り芯線を複写します。

1. 【オフセット】ツールをクリックする
2. ＜910＞を入力する（間隔）
3. P線をクリックしてP線の下側をクリックしてQ線を生成する
4. ［スペース］キーを2回押す（終了と再開）
5. ＜590＞を入力する（間隔）
6. Q線をクリックしてQ線の下側をクリックする
7. ［スペース］キーを押す（ツール終了）

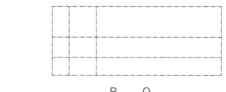

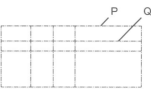

複写したあとの図

013　通り芯線をまとめる（1）

通り芯線を編集してまとめます。

【フィレット】ツール

1. 【フィレット】ツールをクリックする
2. ＜r＞を入力する（半径）
3. ＜0＞を入力する（半径=0mm）
4. ＜m＞を入力する（複数回）
5. P1→P2をクリックする
6. Q1→Q2をクリックする
7. R1→R2をクリックする
8. S1→S2をクリックする
9. T1→T2をクリックする
10. ［スペース］キーを押す（ツール終了）

結果は次図を参照してください。

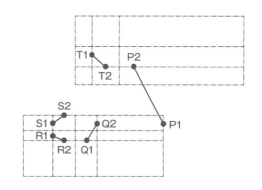

014　通り芯線をまとめる (2)

【延長】ツールを使います。

1 【延長】ツールをクリックする
2 ●を付けたあたりをクリックする (1カ所)
3 ［スペース］キーを押す (ツール終了)

　結果は次図を参照してください。

One Point

【延長】ツールは AutoCAD 2022 から操作が変わりました。もし AutoCAD 2021 以前のバージョンで本書の練習している場合は 1 のあと ［スペース］キーを押してください。

 【延長】ツール

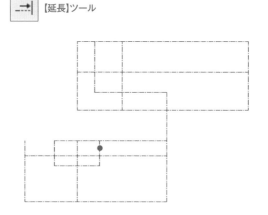

015　通り芯線をまとめる (3)

【トリム】ツールを使います。

1 【トリム】ツールをクリックする
2 ●を付けたあたりをクリックする (5ヶ所)
3 ○を付けたあたりをクリックする (2ヶ所)
4 ［スペース］キーを押す (ツール終了)

　結果は次図を参照してください。

One Point

【トリム】ツールは AutoCAD 2022 から操作が変わりました。もし AutoCAD 2021 以前のバージョンで本書の練習している場合は 1 のあと ［スペース］キーを押してください。またP部分は【トリム】ツールで切り取れません。【削除】ツールで削除してください。

【トリム】ツール

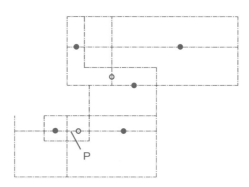

016　通り芯線をまとめる (4)

前ステップの結果です。

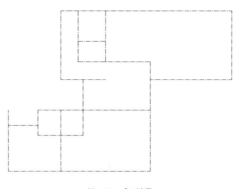

前ステップの結果

017 　細部の通り芯を加える(1)

1 【オフセット】ツールをクリックする
2 <610>を入力する(間隔)
3 P線をクリックしてからP線の右側をクリックする
4 【トリム】ツールをクリックする
5 ●を付けたあたりをクリックする(2ヶ所)
6 [スペース] キーを押す(ツール終了)

　結果は次図を参照してください。

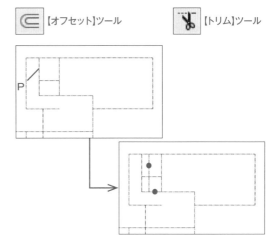

【オフセット】ツール　　【トリム】ツール

018 　細部の通り芯を加える(2)

　最後の通り芯線を描きます。

1 【線分】ツールをクリックする
2 A点(端点)にカーソルを合わせ一呼吸待ってからカーソルを真上方向に動かす
　※A点ではクリックしません。
3 A点の真上のB点(交点)でクリックする
4 B点の真下方向にカーソルを動かしてから<650>を入力する
5 [スペース] キーを押す(ツール終了)

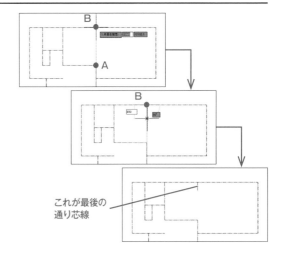

これが最後の通り芯線

019 　ファイルを保存する

　以上で通り芯線が完成したのでファイルを保存します。

1 【名前を付けて保存】ツールをクリックする
2 適当なファイル名、たとえば「my_Ex401.dwg」といった名前を付けて保存する

　なお次の項目で使うデータファイルを用意しているのでAutoCADを終了してもかまいません。

【名前を付けて保存】ツール

CHAPTER
4
平面図の作成

4.4 仕上げ壁を描く

Ex402.dwg

課題の図面は縮尺が1/50なので、壁を躯体壁と仕上げ壁に分けて合計4本の線で表現します。先に仕上げ壁の2本の線を描きます。

仕上げ壁の完成図

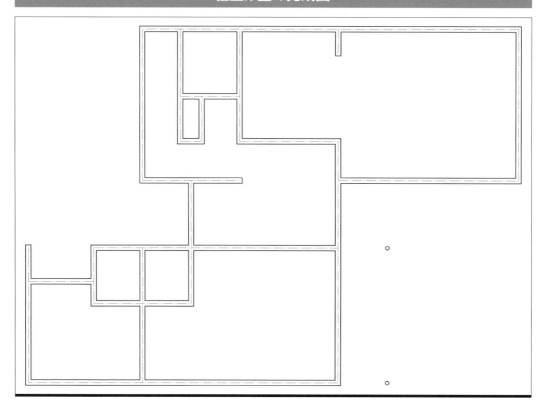

製図のPOINT ▷ 仕上げ壁を描く

① 仕上げ壁の壁厚は150mmとし、通り芯線を中心として両側に振り分けます。

② 仕上げ壁は「Finish」画層に描きます。画層の設定は色：黒、線種：Continuos（実線）、線の太さ：0.25mm。

③ 仕上げ壁は【複写】ツールで通り芯線から生成しますが、【オフセット】ツールによる方法も紹介します。

④ 【複写】ツールの操作のために通り芯線をグループ化します。

⑤ 仕上げ壁の端部・隅角部は【フィレット】ツールなどで包絡処理をします。

使用するツール

仕上げ壁を描くのに用いるツールの名前と場所をここでまとめて示します。

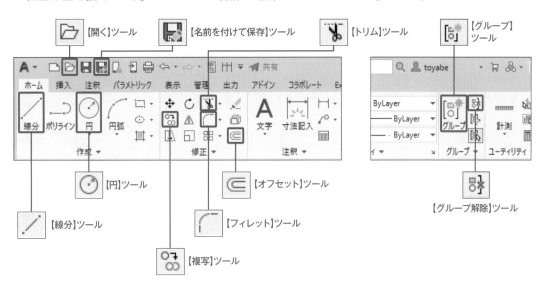

CHAPTER

4

平面図の作成

【線分】ツール

001 練習用ファイルを開く

練習用ファイルを開きます。

1 クイックアクセスツールバーの【開く】ツールをクリックする
2 練習用データ「Ex402.dwg」を開く
3 【オブジェクト範囲ズーム】ツールをクリックして全体を表示させる

📂 【開く】ツール

Ex402.dwg

002　通り芯線をグループ化 する

　最初に通り芯線をグループ化します。現在画層は何になっていてもよいです。

1　通り芯線の全部を範囲指定（41ページ）で選択する
2　【グループ】ツールをクリックする

　グループ化されたかを確認したいときは選択してください。グリップが1つだけ表示されます。

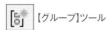 【グループ】ツール

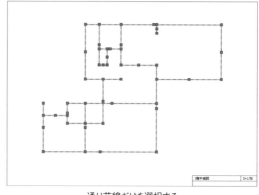

通り芯線だけを選択する

003　通り芯線を複写 する

　通り芯線のグループを仕上げ壁の線の位置に複写します。

1　通り芯線（グループ）をクリックして選択する
2　【複写】ツールをクリックする
3　任意の位置（A点）をクリックする（基点）
4　＜75,75＞を入力する（複写先）
5　＜−75,−75＞を入力する（複写先）
6　［スペース］キーを押す（ツール終了）

【複写】ツール

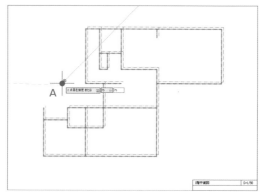

複写中の図

004　仕上げ壁を画層移動する

　複写した2つのグループを「Finish」画層に画層移動（レイヤ移動）します。

1　通り芯線（グループ）の両側の線グループをクリックして選択する
2　【画層】をクリックして画層リストを出し「Finish」画層をクリックする
3　［Esc］キーを押して選択を解除する

　画層移動の結果、両側の線グループは黒い実線に変わります。

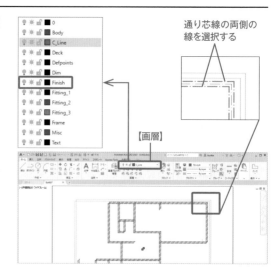

通り芯線の両側の線を選択する

【画層】

005 画層を準備する

このあとの線編集のために画層を準備します。

① 【画層】をクリックし、画層リストで「Finish」画層をクリックして現在画層にする
② 【画層】をクリックして画層リストで「C_Line」画層の［すべてのビューポートでフリーズまたはフリーズ解除］の欄をクリックしてフリーズする

［すべてのビューポートでフリーズまたはフリーズ解除］

🔅 = フリーズ解除　　❄ = フリーズ

［画層の表示／非表示］本書では使わない

One Point

本書で画層を非表示にするときには「フリーズ」を用います。「画層の表示/非表示」でも非表示にできますが、この非表示は[Ctrl]＋[A]で図形を選択でき、編集もできることから不完全な非表示といえます。
「フリーズ」なら完全な非表示で安全です。

CHAPTER

4

平面図の作成

006 仕上げ壁のグループを解除する

2組ある仕上げ壁のグループを解除します。

① 仕上げ壁グループの片方をクリックして選択する
② 【グループ解除】ツールをクリックする
③ 残りの仕上げ壁グループをクリックして選択する
④ 【グループ解除】ツールをクリックする

【グループ解除】ツール

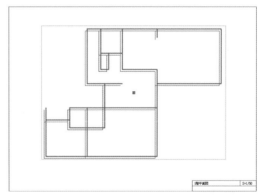

片方のグループを選択したところ

007 壁の端部を処理する (1)

3ヶ所ある壁の端部を処理します。3本の線を描きますがいずれも1点目は端点です。

① 【線分】ツールをクリックする
② P線（水平線）を描く（長さは任意）
③ ［スペース］キーを2回押す（終了と再開）
④ Q線（垂直線）を描く（長さは任意）
⑤ ［スペース］キーを2回押す（終了と再開）
⑥ R線（水平線）を描く（長さは任意）
⑦ ［スペース］キーを押す（ツール終了）

【線分】ツール

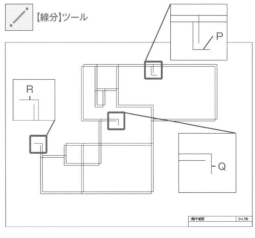

008　壁の端部を処理する (2)

3つの端部でコーナー処理をします。

1. 【フィレット】ツールをクリックする
2. ＜m＞を入力する (複数回)
3. P1点→P2点をクリックする
4. Q1点→Q2点をクリックする
5. R1点→R2点をクリックする
6. ［スペース］キーを押す (ツール終了)

One Point

【フィレット】ツールでフィレットの半径を指定しなかったのは67ページで半径を0mmに指定したあと半径を変えていないためです。フィレット半径は【フィレット】ツールをクリックしたときにコマンドウィンドウで確認できます。

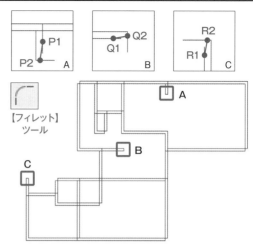

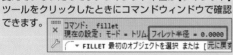
【フィレット】ツール

コーナー処理のあとの図

009　壁の隅角部を処理する (1)

壁の隅角部をコーナー処理します (6ヶ所)。

1. 【フィレット】ツールをクリックする
2. ＜m＞を入力する (複数回)
3. P1点→P2点をクリックする
4. Q1点→Q2点をクリックする
5. 同じように他の5ヶ所の隅角部を処理する
6. ［スペース］キーを押す (ツール終了)

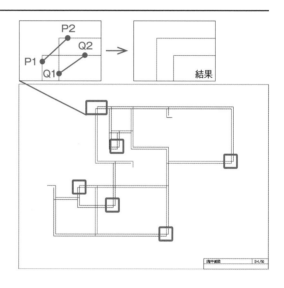

010　壁の隅角部を処理する (2)

前ステップの結果です。

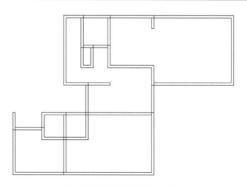

6ヶ所の隅角部を処理した結果

011　【トリム】ツールで包絡処理（1）

　【トリム】ツールで隅角部にある不要な線を
切り取りシンプルな形にします。このような
編集を包絡（ほうらく）処理といいます。

1. 建物の上半分を拡大表示する
2. 【トリム】ツールをクリックする
3. A1点→A2点をクリックする
   ※A1点とA2点を結ぶ線と交差する3本の線が切り取
   られます。このような指定方法を「交差フェンス」と
   呼びます。
4. B1点→B2点をクリックする

　次ステップに続きます。

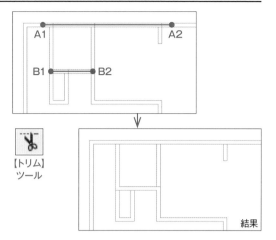

【トリム】
ツール

012　【トリム】ツールで包絡処理（2）

　前ステップの続きです。

1. 【トリム】ツールが起動しているのを確認する
2. ○を付けたところをクリックする（6ヶ所）
3. ［スペース］キーを押す（ツール終了）

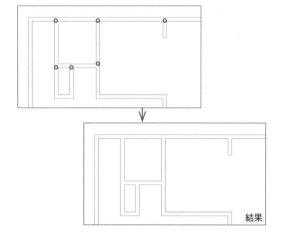

013　【トリム】ツールで包絡処理（3）

　引き続き包絡処理を続けます。ステップ011
では「交差フェンス」で処理しましたが、ここ
では「フェンス選択」と「交差フェンス」で処理
します。

1. 建物の下半分を拡大表示する
2. 【トリム】ツールをクリックする
3. <f>を入力する（フェンス選択）
4. A1点→A2点→・・・→A7点 を クリックする
   （フェンス選択）
5. ［スペース］キーを押す（選択確定）
6. B1点→B2点をクリックする（交差フェンス）

　次ステップに続きます。

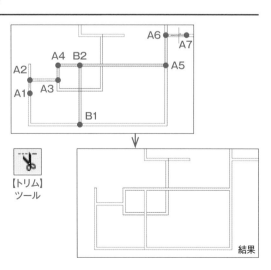

【トリム】
ツール

014　【トリム】ツールで包絡処理（4）

前ステップの続きです。

1　○を付けたところをクリックする（7ヶ所）
2　［スペース］キーを押す（ツール終了）

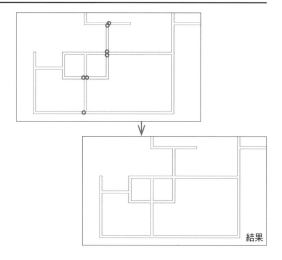

結果

015　円柱を建てる

バルコニーを支える円柱（100φ）を建てます。

1　【画層】をクリックして「C_Line」画層をフリーズ解除する
　※現在画層は「Finish」画層のままです。
2　【円】ツールをクリックする
3　A点（通り芯線の端点）にカーソルを合わせ一呼吸待ち、右水平方向にカーソルを動かしトラッキングベクトルが表示されるのを確認する
4　＜1365＞を入力する
5　＜50＞を入力する（半径）
6　［スペース］キーを押す（ツール再開）
7　B点（通り芯線の端点）の右方向1365mmの位置に円を描く（3～5と同じ手順）

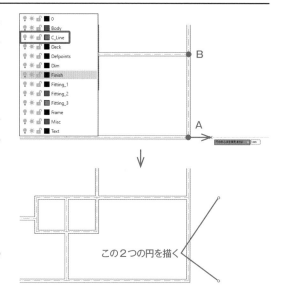

この2つの円を描く

016　ファイルを保存する

　以上で仕上げ壁が完成したのでファイルを保存します。

1　【名前を付けて保存】ツールをクリックする
2　適当なファイル名、たとえば「my_Ex402.dwg」といった名前を付けて保存する

　なお次の項目で使うデータファイルを用意しているのでAutoCADを終了してもかまいません。

　【名前を付けて保存】ツール

仕上げ壁が完成した

4.5 躯体壁と建具用の穴

仕上げ壁から躯体壁（くたいかべ）を生成し、さらに建具（たてぐ）用の穴をあけます。

躯体壁と建具用の穴の完成図

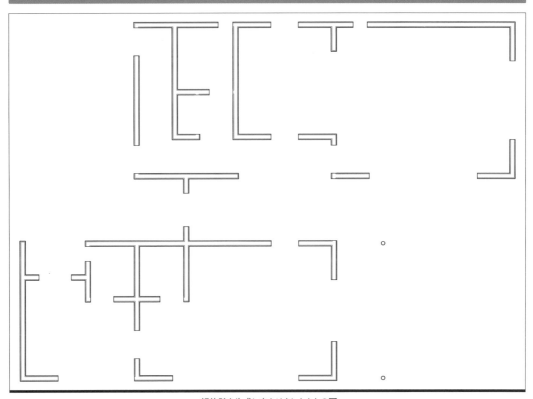

躯体壁を生成し穴あけをしたあとの図

製図のPOINT ≫ 躯体壁と建具用の穴

① 躯体壁の壁厚は100mmとし、通り芯線を中心として両側に振り分けます。
② 躯体壁は「Body」画層に描きます。画層の設定は色：青、線種：Continuos（実線）、線の太さ：0.09mm。
③ 躯体壁は【オフセット】ツールで仕上げ壁から生成します。
④ 【オフセット】ツールの操作をしやすくするため、仕上げ壁をポリライン化します。
⑤ 建具用の穴あけは穴の両端の線を描いてから【トリム】ツールと【削除】ツールで穴をあけます。

建具用の穴のサイズと位置

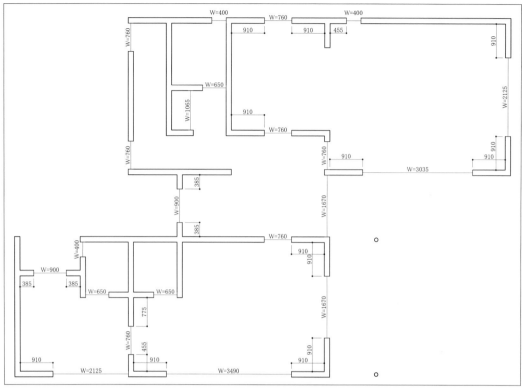

※この図は見やすいように躯体線を非表示にしています

使用するツール

躯体壁を生成し穴あけに用いるツールの名前と場所をここでまとめて示します。

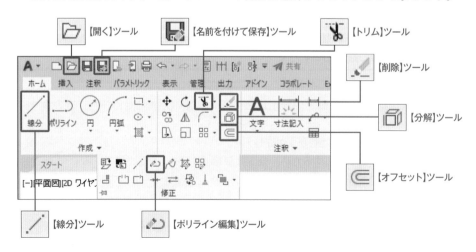

001 　練習用ファイルを開く

練習用ファイルを開きます。

【オブジェクト範囲ズーム】ツール

1️⃣ クイックアクセスツールバーの【開く】ツールをクリックする
2️⃣ 練習用データ「Ex403.dwg」を開く
3️⃣ 【オブジェクト範囲ズーム】ツールをクリックして全体を表示させる

 【開く】ツール

Ex403.dwg

002 　準備のため画層を設定する

躯体壁を生成するために仕上げ壁をポリラインに変換しますが、その前に画層を設定します。

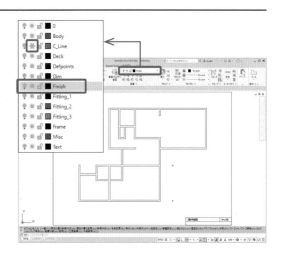

1️⃣ 【画層】をクリックし、画層リストで「C_Line」画層をフリーズする
2️⃣ 現在画層が「Finish」画層になっているのを確認する

003 　仕上げ壁をポリラインに変換

仕上げ壁をポリラインに変換します。

 【ポリライン編集】ツール

1️⃣ 【ポリライン編集】ツールをクリックする
2️⃣ <m>を入力する（一括）
3️⃣ A点→B点をクリックしてすべての仕上げ壁を選択する（図参照。2つの円を含めてもよい）
4️⃣ [スペース] キーを押す（選択確定）
5️⃣ [スペース] キーを押す（ポリライン変換）
6️⃣ <j>を入力する（結合）
7️⃣ [スペース] キーを押す（許容範囲=0mm）
8️⃣ [スペース] キーを押す（ツール終了）

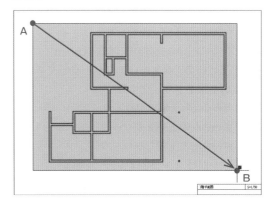

004 躯体壁を生成する(1)

【オフセット】ツールで躯体壁を生成します。

① 現在画層を「Body」画層に変える
② 建物の上半分を拡大表示する(図参照)
③ 【オフセット】ツールをクリックする
④ <l>(エル)を入力する(画層)
⑤ <c>を入力する(現在の画層)
⑥ <25>を入力する(間隔)

次ステップに続きます。

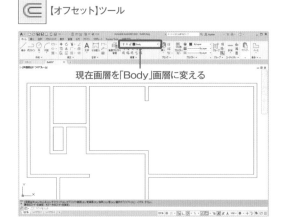

【オフセット】ツール

現在画層を「Body」画層に変える

005 躯体壁を生成する(2)

前ステップの続きです。

① 仕上げ線のA点あたりをクリックしてからA
　点の下側をクリックする
② B点→B点の上側をクリック
③ C点→C点の上側をクリック
④ D点→D点の上側をクリック
⑤ E点→E点の上側をクリック
⑥ [スペース]キーを押す(ツール終了)

　以上の操作で躯体壁(青い線)が仕上げ壁(黒
い線)の内側に生成されます。

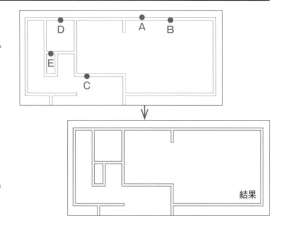

結果

006 躯体壁を生成する(3)

建物の下半分でも躯体壁を生成します。

① 建物の下半分を拡大表示する(図参照)
② 【オフセット】ツールをクリックする
③ [スペース]キーを押す(間隔=25mm)
④ 仕上げ線のA点あたりをクリックしてからA
　点の上側をクリックする
⑤ B点→B点の上側をクリック
⑥ C点→C点の上側をクリック
⑦ D点→D点の上側をクリック
⑧ [スペース]キーを押す(ツール終了)

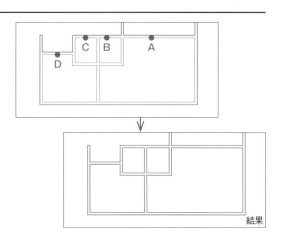

結果

007　ポリラインを線分に分解する

　壁の線がポリラインになっています。この
ままでも良いのですが、念のため扱いやすい
線分に分解します。

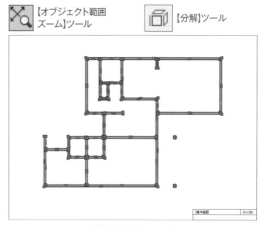

全部の壁を選択したところ

1. 【オブジェクト範囲ズーム】ツールをクリックする
2. 範囲指定で全部の壁を選択する（図参照。円が含まれていてもよい）
3. 【分解】ツールをクリックする

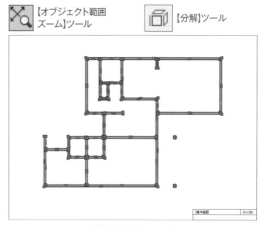 【オブジェクト範囲ズーム】ツール　【分解】ツール

CHAPTER
4
平面図の作成

008　上部の建具の両側の線を描く（1）

　壁に建具の両側の線を描きます。最初に隅
角部に接した建具の端の線を描きます。

1. 現在画層を「Fitting_1」画層に変える
2. 「Body」画層をフリーズする
3. 建物の上半分を拡大表示する（図参照）
4. 【線分】ツールをクリックする
5. 1点目（端点）をクリックする
6. カーソルを左水平方向に動かし交点（2点目）をクリックする
7. ［スペース］キーを2回押す（ツール終了と再開）
8. ○を付けた位置に 5 ～ 7 と同様に線を描く（7ヶ所）

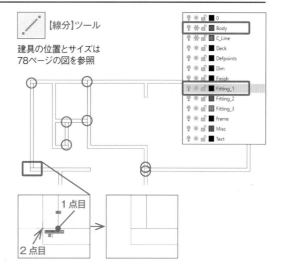

【線分】ツール

建具の位置とサイズは
78ページの図を参照

0
Body
C_Line
Deck
Defpoints
Dim
Finish
Fitting_1
Fitting_2
Fitting_3
Frame
Misc
Text

1点目
2点目

009　上部の建具の両側の線を描く（2）

　隅角部から離れた位置の線を描きます。

1. 【線分】ツールをクリックする
2. A点（端点）にカーソルを合わせ一呼吸待ってから右水平方向にカーソルを少し動かす
　　※A点ではクリックしません。
3. ＜910＞を入力して1点目を確定する
4. 1点目の真下方向にカーソルを動かし壁線との交点（2点目）でクリックする
5. ［スペース］キーを押す（ツール終了）

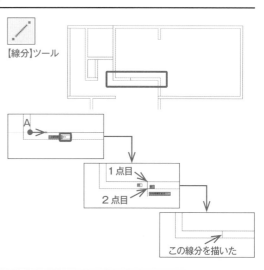

【線分】ツール

A

1点目
2点目

この線分を描いた

010　上部の建具の両側の線を描く（3）

■ 前ステップと同じような手順でB点〜 F点から（　）内の数値の位置に線を描く。矢印は方向を示す

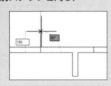【線分】ツール

One Point

2点目（交点）を指定するのが難しいときには次のようにしてください。
① 1点目を確定する（これは前ステップと同じ）
② 1点目から線分を描く方向にカーソルを動かす
③ 線分の長さ、すなわち＜150＞を入力する

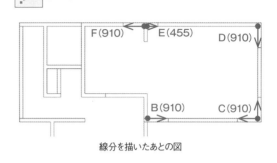

線分を描いたあとの図

011　上部の建具の両側の線を描く（4）

　穴の反対側の線を描きます。前ステップと同じ方法でも描けますがここでは【オフセット】ツールを用います。

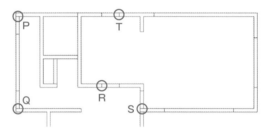【オフセット】ツール

■ 【オフセット】ツールをクリックする
■ ＜760＞を入力する（間隔）
■ P線をクリック→P線の下側をクリックする
■ Q線をクリック→Q線の上側をクリックする
■ R線をクリック→R線の右側をクリックする
■ S線をクリック→S線の上側をクリックする
■ T線をクリック→T線の左側をクリックする

　次ステップに続きます。

穴の反対側の線を生成したあとの図

012　上部の建具の両側の線を描く（5）

　前ステップの続きです。

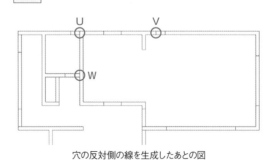【オフセット】ツール

■ ［スペース］キーを2回押す（【オフセット】ツールの終了と再開）
■ ＜400＞を入力する（間隔）
■ U線をクリック→U線の左側をクリックする
■ V線をクリック→V線の右側をクリックする
■ ［スペース］キーを2回押す（ツールの終了と再開）
■ ＜650＞を入力する（間隔）
■ W線をクリック→W線の左側をクリックする
■ ［スペース］キーを押す（ツール終了）

穴の反対側の線を生成したあとの図

013　下部の建具の両側の線を描く（1）

建物の下半分の建具の両側の線を描きます。
まず隅角部に接している線からです。

1. 建物の下半分を拡大表示する（図参照）
2. 【線分】ツールをクリックする
3. ステップ008と同じように○を付けたところに線を描く（5ヶ所）

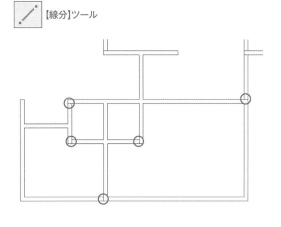

【線分】ツール

014　下部の建具の両側の線を描く（2）

隅角部から離れた線を描きます。

1. 【線分】ツールをクリックする
2. ステップ010と同じように、●から矢印の方向に、記入した距離の位置に線を描く（11ヶ所）

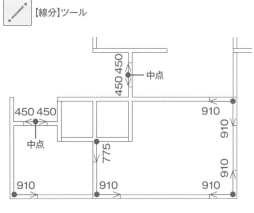

【線分】ツール

線分を描いたあとの図

015　下部の建具の両側の線を描く（3）

穴の反対側の線を生成します。

1. 【オフセット】ツールをクリックする
2. ＜760＞を入力する（間隔）
3. P線をクリック→P線の左側をクリックする
4. Q線をクリック→Q線の下側をクリックする
5. ［スペース］キーを2回押す（終了と再開）
6. ＜650＞を入力する（間隔）
7. R線をクリック→R線の右側をクリックする
8. S線をクリック→S線の左側をクリックする
9. ［スペース］キーを2回押す（終了と再開）
10. ＜400＞を入力する（間隔）
11. T線をクリック→T線の下側をクリックする
12. ［スペース］キーを押す（ツール終了）

【オフセット】ツール

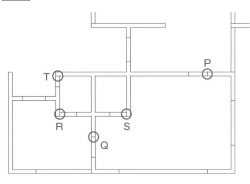

反対側の線を生成したあとの図

016　壁に穴をあける（1）

建具の両側の線を切り取りエッジにして穴をあけます。ここでは交差フェンスを用います。

1. 建物の上半分が見えるように画面を調整する
2. 【画層】で「Body」画層をフリーズ解除する
3. 【トリム】ツールをクリックする
4. P線を描くようにA1点→A2点をクリックする
5. 同じようにQ線〜W線を描くようにクリックする
6. ［スペース］キーを押す（ツール終了）

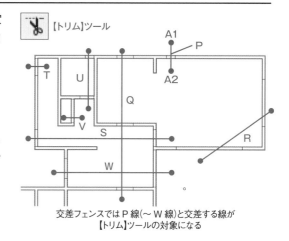

【トリム】ツール

交差フェンスではP線（〜W線）と交差する線が
【トリム】ツールの対象になる

017　壁に穴をあける（2）

前ステップの結果です。

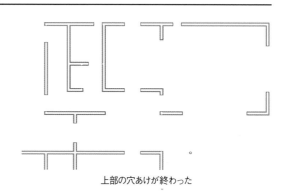

上部の穴あけが終わった

018　壁に穴をあける（3）

引き続き穴をあけます。

1. 建物の下半分が見えるように画面を調整する
2. 【トリム】ツールをクリックする
3. ステップ016と同じように線を描くようにクリックする（5本の線）
4. ［スペース］キーを押す（ツール終了）

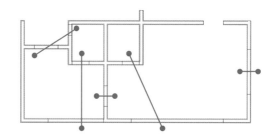

【トリム】ツール

019 壁に穴をあける(4)

前ステップの結果です。

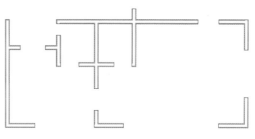

下部の穴あけが終わった

020 ファイルを保存する

以上で躯体壁が完成し、壁の穴あけも終わったのでファイルを保存します。

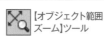【オブジェクト範囲ズーム】ツール

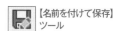【名前を付けて保存】ツール

1 【オブジェクト範囲ズーム】ツールをクリックする

2 【名前を付けて保存】ツールをクリックする

3 適当なファイル名、たとえば「my_Ex403.dwg」といった名前を付けて保存する

なお次の項目で使うデータファイルを用意しているのでAutoCADを終了してもかまいません。

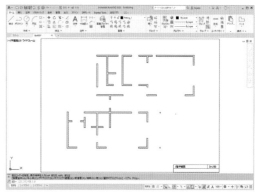

躯体壁が完成し、壁の穴あけが終わった

4.6 サッシュを描く

 Ex404.dwg

サッシュを描きます。課題の住宅にはサイズ違いも含めて7種類のサッシュがありますが、ここでは代表としてリビング・ダイニングの「両袖片引き窓」を描きます。サッシュ (sash) とは工場で製作し商品として流通している建具で、金属製・プラスチック製・木製のサッシュがあります。住宅では外部建具 (外壁に付ける建具) にアルミ製のサッシュを付けるのが普通で、ここでもアルミ製サッシュを想定しています。

サッシュの完成図

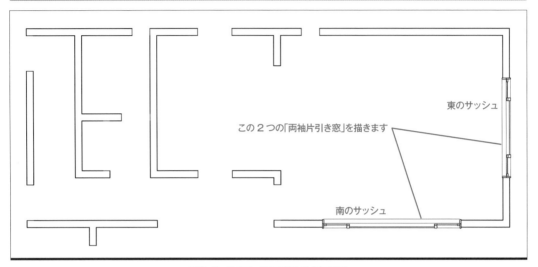

東のサッシュ

この2つの「両袖片引き窓」を描きます

南のサッシュ

リビング・ダイニングの両袖片引き窓を描く

製図のPOINT ▷ サッシュを描く

① アルミ製両袖片引き窓を描きます。

② アルミサッシュの断面は複雑な形状をしています。しかしこれを建築平面図で同じ形状で描く必要はまったくありません。本書は断面形を長方形に包絡して描きます。

③ 建築図面は設計意図を他人に明確に伝えるために作成します。この目的のためにはいくつかの図面で形を単純化したり、サイズを少し大きめにして描きます。なお建築図面のうち詳細図・原寸図・施工図では正確な形とサイズで図面を描きます。

One Point

建具用に次の3つの画層を用意しています。
「Fitting_1」画層 断面とガラス 線の太さ=0.18
「Fitting_2」画層 奥に見える線 線の太さ=0.09
「Fitting_3」画層 ガラスの両側の線 線の太さ=0.00

「奥に見える線」は分かりにくいので図で示します。平面図とは建物を水平に切断して真上から眺めたときに見えるであろう姿を描いたものです。サッシュも切断した形を描きます。切断したものを上から見るので一番目に近いのが断面です。断面以外は断面より奥 (目から遠い) にあります。
ガラスの両側の線も奥に見えますが間隔が狭いのでさらに細い線にします。線の太さの「0.00mm」はプリンタ/プロッタで描ける最も細い線を意味します。

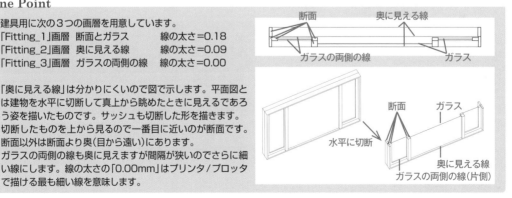

断面　奥に見える線
ガラスの両側の線　ガラス

断面　ガラス
水平に切断
奥に見える線
ガラスの両側の線 (片側)

使用するツール

サッシュを描くのに用いるツールの名前と場所をまとめて示します。

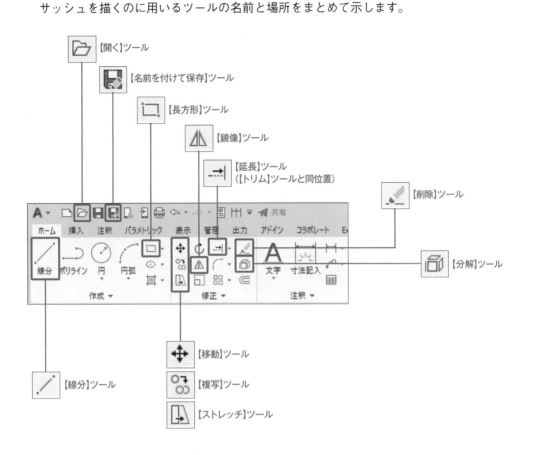

【開く】ツール

【名前を付けて保存】ツール

【長方形】ツール

【鏡像】ツール

【延長】ツール
（【トリム】ツールと同位置）

【削除】ツール

【分解】ツール

【線分】ツール

【移動】ツール

【複写】ツール

【ストレッチ】ツール

CHAPTER
4
平面図の作成

001　練習用ファイルを開く

練習用ファイルを開きます。

1. クイックアクセスツールバーの【開く】ツールをクリックする
2. 練習用データ「Ex404.dwg」を開く
3. 【オブジェクト範囲ズーム】ツールをクリックして全体を表示させる

【開く】ツール

【オブジェクト範囲ズーム】ツール

Ex404.dwg

002   準備のため画層を設定する

これからサッシュを描きますが、その前に画層を設定します。

1. 【画層】をクリックし、画層リストで「Body」画層をフリーズする
2. 現在画層が「Fitting_1」画層になっているのを確認する

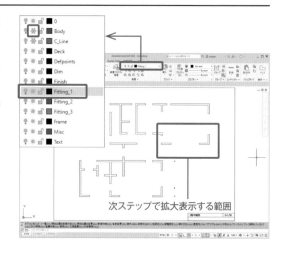

次ステップで拡大表示する範囲

003   サッシュの中央の線を描く

両袖片引き窓は左右対称形なので中央の線を生成します。

1. 前図に示す範囲を表示させる
2. P線をクリックして選択する
3. 【複写】ツールをクリックする
4. 任意の点（A点）をクリックしてからマウスを右水平方向に動かす
5. <3035/2>を入力する
6. ［スペース］キーを押す（ツール終了）

 【複写】ツール

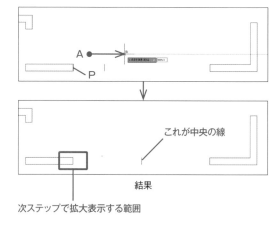

これが中央の線

結果

次ステップで拡大表示する範囲

One Point

AutoCADの数値入力では整数同士の割り算が使えます。
しかし掛け算、足し算、引き算は使えません。

004   サッシュ枠と木枠を描く

最初に断面のサッシュ枠と木枠を描きます。

1. 前図に示す範囲を表示させる
2. 【長方形】ツールをクリックする
3. A点（中点）をクリックしてから<30,90>を入力する
4. ［スペース］キーを押す（ツール再開）
5. A点（中点）をクリックしてから<25,−100>を入力する

【長方形】ツール

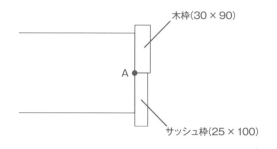

木枠（30 × 90）

A

サッシュ枠（25 × 100）

2つの枠を描いたあとの図

005 方立を描く

方立（ほうだて）を描きます。

1. 【長方形】ツールをクリックする
2. A点（端点）をクリックしてから<60,60>を入力する
3. 2で描いた方立をクリックして選択する
4. 【移動】ツールをクリックする
5. 任意の点（B点）をクリックしてからカーソルを右水平方向に動かす
6. <500>を入力する

 【長方形】ツール 【移動】ツール

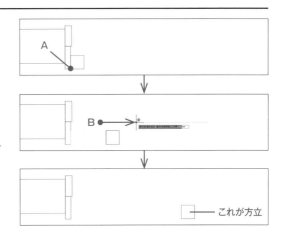

これが方立

006 障子を描く

片引き部分すなわち障子（可動部）を描きます。

1. 【長方形】ツールをクリックする
2. A点（端点）をクリックしてから<60,30>を入力する
3. 2で描いた長方形を選択する
4. 【複写】ツールをクリックする
5. A点（端点）をクリックしてから左水平方向にカーソルを動かしB点（交点）をクリックする
6. ［スペース］キーを押す（ツール終了）

 【長方形】ツール 【複写】ツール

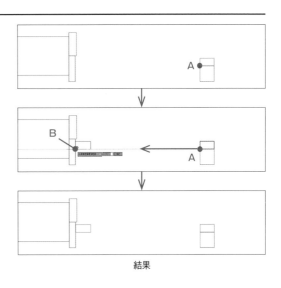

結果

007 ガラスを描く

ガラスを描き、ガラスの両側の線を描きます。

【線分】ツール

1. 【線分】ツールをクリックする
2. A点（中点）→B点（中点）をクリックする
3. ［スペース］キーを2回押す（終了と再開）
4. C点（端点）→D点（端点）をクリックする
5. ［スペース］キーを2回押す（終了と再開）
6. E点（端点）→F点（端点）をクリックする
7. ［スペース］キーを押す（ツール終了）

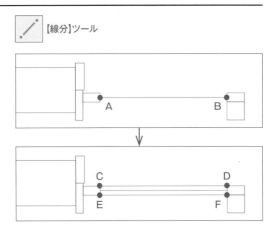

008　ガラスの両側の線をレイヤ移動

　ガラスの両側の線を「Fitting_3」画層にレイ
ヤ移動します。

1. P線とQ線をクリックして選択する
2. 【画層】をクリックして画層リストを出し、
   「Fitting_3」画層をクリックする
3. [Esc] キーを押して選択解除する

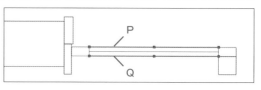

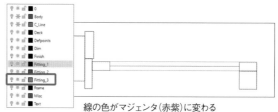

線の色がマジェンタ（赤紫）に変わる

009　サッシュの右側部分を生成

　サッシュの左側を完成させて右側に鏡像複
写（ミラーコピーという）します。

1. 図のような範囲を表示させる
2. ここまで描いたサッシュの全図形を図のよ
   うに交差選択（41ページ）する
3. 【鏡像】ツールをクリックする
4. A点（端点）→B点（端点）をクリックする
5. [スペース] キーを押す（コピー）
6. 最後にP線を削除する

【鏡像】ツール

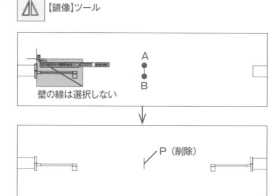

010　残りの線を描く (1)

　サッシュの残りの線を描きます。

1. 図のようにサッシュの左部分を拡大表示する
2. 「Fitting_2」画層を現在画層にする
3. 【線分】ツールをクリックする
4. A点（端点）から水平線を描く（長さは任意）
5. [スペース] キーを2回押す（終了と再開）
6. B点（端点）から水平線を描く（長さは任意）
7. [スペース] キーを2回押す（終了と再開）
8. C点（端点）から水平線を描く（長さは任意）
9. [スペース] キーを2回押す（終了と再開）
10. 「Fitting_1」画層を現在画層にする
11. D点（中点）から水平線を描く（長さは任意）
12. [スペース] キーを押す（ツール終了）

【線分】ツール

011　残りの線を描く (2)

サッシュの残りの線を延長します。

1. 図のようにサッシュの全体が見えるようにする
2. 【延長】ツールをクリックする
3. 線の○のあたりをクリックする（4本）
4. 線の●のあたりを2回クリックする（1本）
5. ［スペース］キーを押す（ツール終了）

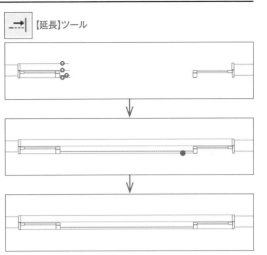

【延長】ツール

012　サッシュをグループ化する

このあとの操作をしやすくするためにサッシュ全体をグループ化します。

1. 図のように交差選択（41ページ）でサッシュの全図形を選択する
2. 【グループ】ツールをクリックする

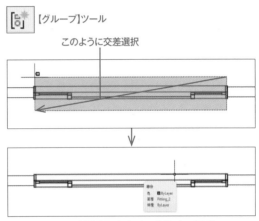

【グループ】ツール

このように交差選択

カーソルを近づけるとサッシュ全体がハイライト
表示になるのでグループ化したことが分かる

013　サッシュをミラーコピー

南のサッシュを東の壁にミラーコピーします。

1. 図のような範囲を表示させる
2. 南のサッシュをクリックして選択する
3. 【鏡像】ツールをクリックする
4. A点（端点）をクリックしてから135°方向の任意点（B点）をクリックする
5. ［スペース］キーを押す（コピー）

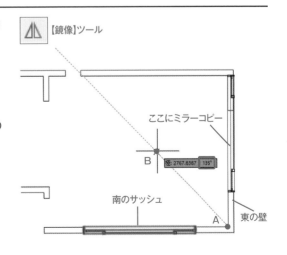

【鏡像】ツール

ここにミラーコピー

南のサッシュ

東の壁

014 サッシュを移動する

東側のサッシュを編集しやすくするため移動します。

1. 東のサッシュをクリックして選択する
2. 【移動】ツールをクリックする
3. 任意点（A点）をクリックしてから右水平方向にカーソルを動かす
4. ＜1000＞を入力する

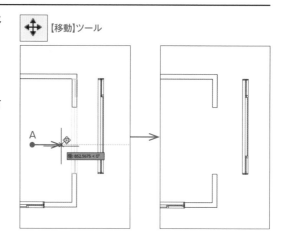

【移動】ツール

015 サッシュの幅を縮める

サッシュの幅を910mm縮めます。

1. 【ストレッチ】ツールをクリックする
2. 図のように交差選択をする（移動する部分を選択する）
3. ［スペース］キーを押す（選択完了）
4. 任意点（A点）をクリックしてから真下方向にカーソルを動かす
5. ＜910＞を入力する

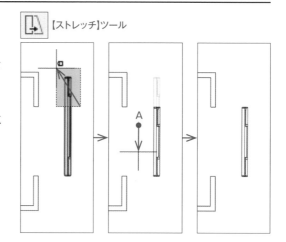

【ストレッチ】ツール

016 サッシュを元の位置に戻す

東側のサッシュを元の位置に戻します。

1. 東側のサッシュをクリックして選択する
2. 【移動】ツールをクリックする
3. 任意点（A点）をクリックしてから左水平方向にカーソルを動かす
4. ＜1000＞を入力する

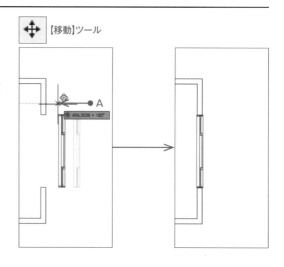

【移動】ツール

017　サッシュの障子幅を縮める

　東側のサッシュの障子幅は南側サッシュより100mm短いのでこれを修正します。

1. 【ストレッチ】ツールをクリックする
2. 図のようにA部を交差選択をする
3. ［スペース］キーを押す（選択確定）
4. 任意点をクリックしてから真下方向にカーソルを動かす
5. ＜100＞を入力する
6. B部も1～5と同じように操作して真上方向に100mm移動させる

【ストレッチ】ツール

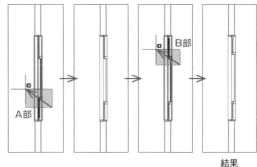

結果

018　ファイルを保存する

　以上で2つのサッシュが完成したのでファイルを保存します。

1. 【オブジェクト範囲ズーム】ツールをクリックする
2. 【名前を付けて保存】ツールをクリックする
3. 適当なファイル名、たとえば「my_Ex404.dwg」といった名前を付けて保存する

　なお次の項目で使うデータファイルを用意しているのでAutoCADを終了してもかまいません。

【オブジェクト範囲ズーム】ツール

【名前を付けて保存】ツール

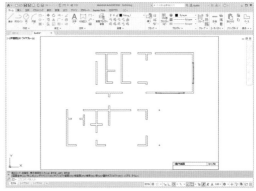

2つのサッシュが完成した

4.7 ドアを描く

 Ex405.dwg

ドアを描きます。課題の住宅にはサイズ違いも含めて４種類のドアがありますが、ここでは代表としてキッチンの「片開きドア」と物入れの「折り戸」を描きます。片開きドアはブロックに登録し２ヶ所に挿入します。

ドアの完成図

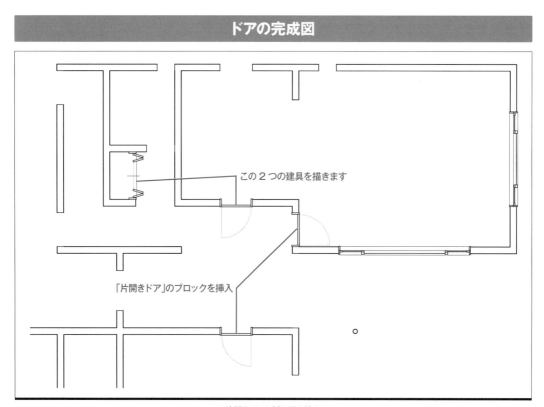

この２つの建具を描きます

「片開きドア」のブロックを挿入

片開きドアと折り戸を描く

One Point

　AutoCADの「ブロック」は一般のCADで「シンボル」とか「部品」などと呼ばれる機能です。

製図のPOINT ▶ ドアを描く

① 片開きドアは枠とドア本体は断面なので「Fitting_1」画層に描きます。

② ドアの開閉の軌跡線は最も細い線で描くので「Fitting_3」画層に描きます。

③ 中級程度の住宅では枠の厚みは24mm程度、ドア本体の厚みは35mm程度ですが、ここでは枠の厚みを35mm、ドアの厚みを40mmで描きます。ただし物入れの戸の厚みは35mmと少し薄くしています。逆に玄関のドアは枠（60mm）も本体（50mm）も厚くしています。

One Point

ドアでも水平切断をしたときの図を描きます。サッシュにたくさんある「奥に見える線」は少ないですが開閉の軌跡線があります。

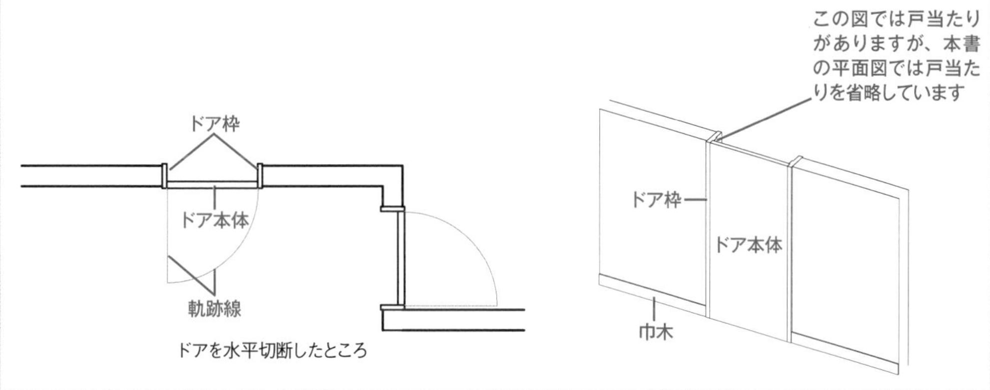
ドア枠
ドア本体
軌跡線
ドアを水平切断したところ
この図では戸当たりがありますが、本書の平面図では戸当たりを省略しています
ドア枠
ドア本体
巾木

AutoCAD の操作

使用するツール

ドアを描くのに用いるツールの名前と場所をまとめて示します。

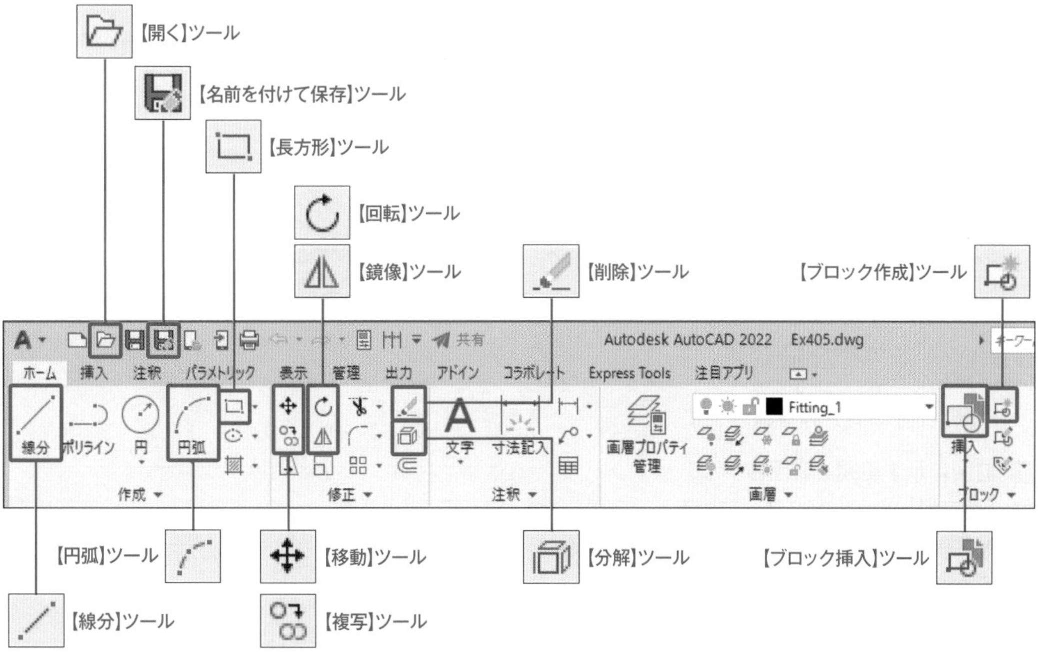
【開く】ツール
【名前を付けて保存】ツール
【長方形】ツール
【回転】ツール
【鏡像】ツール
【削除】ツール
【ブロック作成】ツール
Autodesk AutoCAD 2022 Ex405.dwg
ホーム 挿入 注釈 パラメトリック 表示 管理 出力 アドイン コラボレート Express Tools 注目アプリ
線分 ポリライン 円 円弧
文字 寸法記入
画層プロパティ管理
Fitting_1
挿入
作成 修正 注釈 画層 ブロック
【円弧】ツール
【移動】ツール
【分解】ツール
【ブロック挿入】ツール
【線分】ツール
【複写】ツール

One Point

円弧を作成するツールは多数(11個)あります。その中でAutoCADでは【円弧、3点】ツールが代表で他は【円弧、3点】ツールのバリエーションです。そこで本書は【円弧、3点】ツールを【円弧】ツールと記します。

001　練習用ファイルを開く

練習用ファイルを開きます。

1. クイックアクセスツールバーの【開く】ツールをクリックする
2. 練習用データ「Ex405.dwg」を開く
3. 【オブジェクト範囲ズーム】ツールをクリックして全体を表示させる

※今後3の手順を記しませんがファイルを開いたときは【オブジェクト範囲ズーム】ツールをクリックしてください。あるいはマウスのホイールをダブルクリックすれば同じ結果を得られます。

【開く】ツール　　　【オブジェクト範囲ズーム】ツール

Ex405.dwg

002　準備のため画層を設定する

ドアを描くために画層を確認します。

1. 「Fitting_1」画層が現在画層になっているのを確認する

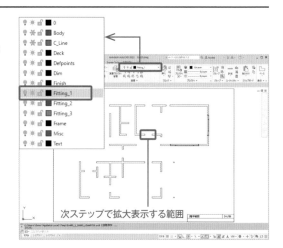

次ステップで拡大表示する範囲

003　ドア枠を描く

任意の位置にドア枠を描きます。

1. 前図に示す範囲を表示させる
2. 【長方形】ツールをクリックする
3. A点（端点）にカーソルを合わせ一呼吸待ってからカーソルを真下方向に動かす
4. <15>を入力する
5. <35,180>を入力する

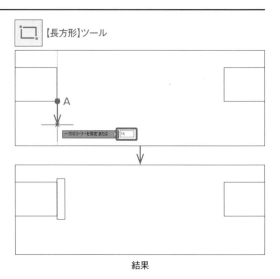

【長方形】ツール

結果

004　ドア枠を複写する

ドア枠を反対側に複写します。

1. 前ステップで描いたドア枠をクリックして選択する
2. 【複写】ツールをクリックする
3. A点（中点）→B点（中点）をクリックする
4. ［スペース］キーを押す（ツール終了）

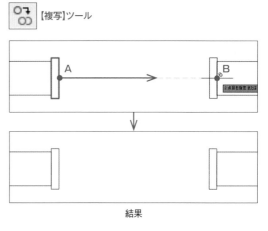

【複写】ツール

結果

005　ドア本体を描く

ドア本体（40mm厚）を描きます。

1. 【長方形】ツールをクリックする
2. A点（端点）にカーソルを合わせ一呼吸待ってからカーソルを真上方向に少し動かす（中点にヒットしないようにする）
3. ＜40＞を入力する
4. B点（端点）をクリックする

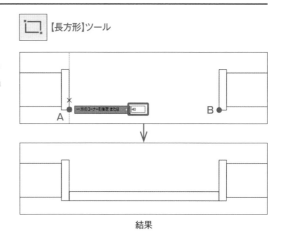

【長方形】ツール

結果

006　開閉の軌跡線を描く（1）

ドアの開閉の軌跡線を描きます。

1. 「Fitting_3」画層を現在画層にする
2. 【円弧】ツールをクリックする
3. ＜c＞を入力する（中心）
4. A点（端点）をクリックする（中心）
5. B点（端点）をクリックする（弧の始点）
6. ［Ctrl］キーを押しながらカーソルを動かしA点の真下方向のC点でクリックする
7. 【線分】ツールをクリックする
8. A点（端点）→C点（弧端点）をクリックして線を描く
9. ［スペース］キーを押す（ツール終了）

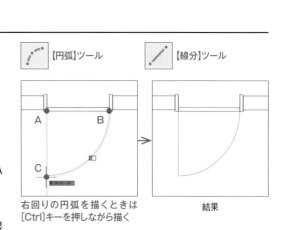

【円弧】ツール　　【線分】ツール

右回りの円弧を描くときは
［Ctrl］キーを押しながら描く

結果

007　片開きドアをブロックに登録

片開きドアが完成したのでブロックに登録します。

【ブロック作成】ツール

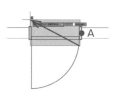

1. 「Fitting_1」画層を現在画層にする
2. 図のように交差選択（41ページ）で片開きドアの全図形を選択する
3. 【ブロック作成】ツールをクリックする
4. 「ブロック定義」ダイアログで［名前］にたとえば＜WD760＞とキーインする
5. ダイアログで○で囲んだ部分（4カ所）を確認したら［OK］をクリックする
6. 作図ウィンドウに戻ったらA点（中点）をクリックする

008　ブロックを挿入する

前ステップで作成/登録したブロックを平面図に挿入します。

【ブロック挿入】ツール

1. 図のような範囲が見えるようにする
2. 【ブロック挿入】ツールをクリックし、ブロックリストで「WD760」ブロックをクリックする
3. ＜r＞を入力する（回転）
4. ＜90＞を入力する（反時計回り90°）
5. A点（中点）をクリックする
6. 【ブロック挿入】ツールをクリックし、ブロックリストで「WD760」ブロックをクリックする
7. ＜x＞を入力したあと＜−1＞を入力する（X方向反転）
8. B点（中点）をクリックする

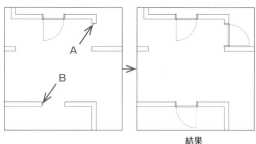

結果

009　折り戸の枠を描く準備

物入の折り戸を描き始めます。

1. 【オブジェクト範囲ズーム】ツールをクリックする
2. 「Fitting_1」画層が現在画層になっているのを確認する

「Fitting_1」画層が現在画層

次ステップで拡大表示する範囲

010 折り戸の枠を描く

折り戸も枠から描き出します。

1. 前図に示す範囲を表示させる
2. 【長方形】ツールをクリックする
3. A点（端点）にカーソルを合わせ一呼吸待ってからカーソルを右水平方向動かす
4. <15>を入力する
5. <－180,35>を入力する

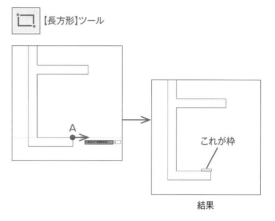

【長方形】ツール

これが枠

結果

CHAPTER

4

平面図の作成

011 枠を複写する

枠を複写します。

1. 枠をクリックして選択する
2. 【複写】ツールをクリックする
3. A点（中点）→B点（中点）をクリックする
4. ［スペース］キーを押す（ツール終了）

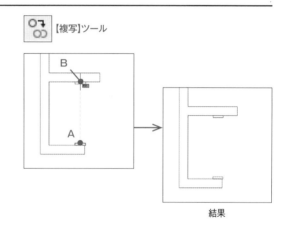

【複写】ツール

結果

012 枠の内法を計測する

戸のサイズを決めるため枠の内法（うちのり）を測ります。

1. 【線分】ツールをクリックする
2. A点（端点）をクリックしてからB点（端点）にカーソルを合わせ、このときの長さを読み取る（995mmと読み取れる）
3. ［Esc］キーを押す（ツールのキャンセル）

One Point

距離を測る【距離】ツールが［ホーム］タブの［ユーティリティ］パネルにあります。このツールを使って計測してもよいのですが、使い慣れている【線分】ツールを使って計測しました。

【距離】ツール

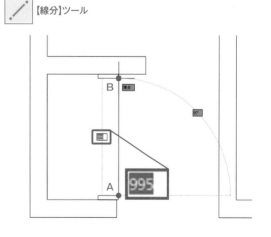

【線分】ツール

995

013　戸を描く

　戸を描きます。戸の厚さは35mmで、幅は995mm/4です。

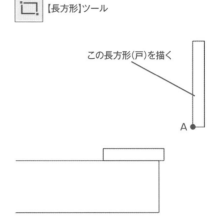

【長方形】ツール

1. 下の枠のあたりを拡大表示する
2. 【長方形】ツールをクリックする
3. 任意点（A点）をクリックする
4. ＜35,995/4＞を入力する

この長方形（戸）を描く

A

014　戸を移動する

　戸を所定の位置に移動します。

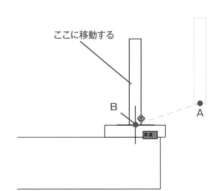

【移動】ツール

1. 前ステップで描いた戸をクリックして選択する
2. 【移動】ツールをクリックする
3. A点（中点）→B点（中点）をクリックする

ここに移動する

B　　　　A

中点

015　戸を回転する

　戸を回転します。回転角度は任意です。

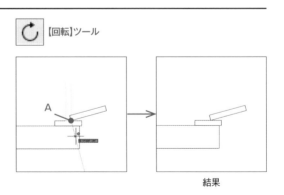

【回転】ツール

1. 戸をクリックして選択する
2. 【回転】ツールをクリックする
3. A点（端点）をクリックする（回転中心）
4. カーソルを動かすにつれて戸が回転するので、適当なところでクリックする

A

結果

016 　戸をミラーコピーする

戸をミラーコピーして折り戸にします。

1. 回転した戸を選択する
2. 【鏡像】ツールをクリックする
3. A点（端点）をクリックする
4. A点の左水平方向の任意点（B点）をクリックする
5. ［スペース］キーを押す（コピー）

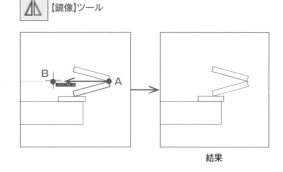

【鏡像】ツール

結果

017 　さらにミラーコピーする

2枚になった戸をミラーコピーで4枚にする。

1. 2枚の戸を選択する
2. 【鏡像】ツールをクリックする
3. A点（中点）をクリックする
4. A点の右水平方向の任意点（B点）をクリックする
5. ［スペース］キーを押す（コピー）

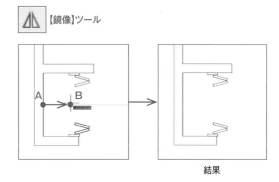

【鏡像】ツール

結果

018 　折り戸を仕上げる（1）

折り戸のその他の線を描きます。

1. 「Fitting_3」画層を現在画層にする
2. 【線分】ツールをクリックする
3. A点（端点）→B点（端点）をクリックする
4. ［スペース］キーを押す（ツール終了）
5. 「Fitting_2」画層を現在画層にする
6. 【線分】ツールをクリックする
7. C点（中点）にカーソルを合わせ一呼吸待ってから左水平方向にカーソルを動かす
8. ＜150＞を入力する
9. 右水平方向にカーソルを動かし＜300＞を入力する
10. ［スペース］キーを押す（ツール終了）

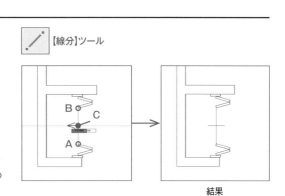

【線分】ツール

結果

019 折り戸を仕上げる(2)

前ステップの続きです。

1. 【線分】ツールをクリックする
2. D点(端点)→E点(端点)をクリックする
3. [スペース] キーを押す(ツール終了)
4. 【トリム】ツールをクリックする
5. ○を付けたところをクリックする(4ケ所)
6. [スペース] キーを押す(ツール終了)

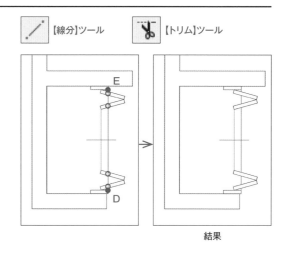

結果

020 ファイルを保存する

　以上で片開きドアと折り戸が完成したので
ファイルを保存します。

1. 【オブジェクト範囲ズーム】ツールをクリッ
   クする
2. 【名前を付けて保存】ツールをクリックする
3. 適当なファイル名、たとえば「my_Ex405.
   dwg」といった名前を付けて保存する

　なお次の項目で使うデータファイルを用意
しているのでAutoCADを終了してもかまいま
せん。

【オブジェクト範囲ズーム】ツール

【名前を付けて保存】ツール

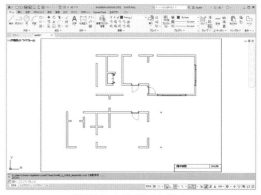

片開きドアと折り戸が完成した

4.8 建具ブロックを配置する
Ex406.dwg、Fitting.dwg

ここまでに3つの建具（サッシュとドア）を作成しましたが他の建具も同じような方法と手順で作成できます。このため他の建具の作成方法を記す代わりにブロックを用意し、ここでは配置するだけにします。

練習のため時間のあるときに他の建具を作成に挑戦してください。

建具ブロックの完成図

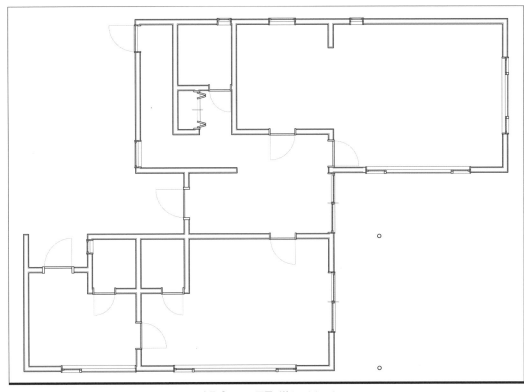

建具ブロックの配置が終わったところ

製図のPOINT ＞ 建具ブロックを配置する

① 建具ブロックは建具ブロックだけのデータファイル「Fitting.dwg」を用意しました。

② ブロックは【DESIGNCENTER】パレットを用いて配置します。【DESIGNCENTER】パレットは [Ctrl] ＋ [2] キーで呼び出します。

③ ブロックの基点と向きは特にルールはありません。このため配置のさいに回転あるいは反転が必要なことがあります。

One Point

建具をブロックとして用意するといちいち作成するより、短時間に図面を作成できます。このため過去に作ったブロックを使いたくなります。しかし建具の納まりやデザインは建物ごとに違うのが普通ですので、常に新しい建具を作成するように心がけてください。「必要な図形はそのときその場で作る」がCADの正しい使い方と筆者は思っています。

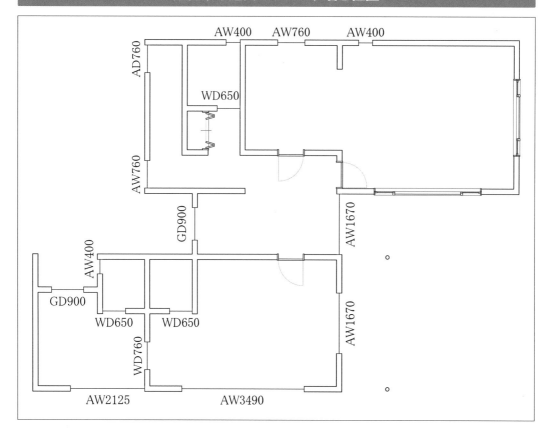

使用するツール

建具ブロックを配置するのに用いるツールの名前と場所をまとめて示します。

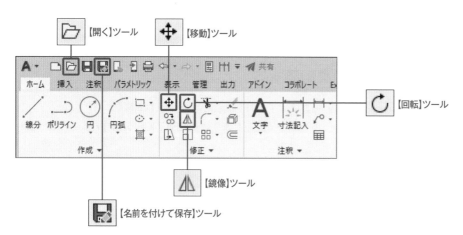

001 練習用ファイルを開く

練習用ファイルを開きます。

1. クイックアクセスツールバーの【開く】ツールをクリックする
2. 練習用データ「Ex406.dwg」を開く
3. 同じく「Ch_4」フォルダにある「Fitting.dwg」を開く
4. [Ex406] タブをクリックする

【開く】ツール

[Ex406]タブ

Ex406.dwg

002 準備のため画層を設定する

建具ブロックは「Fitting_1」画層で作成しているので同じ画層に配置します。

1. 現在画層が「Fitting_1」画層になっているのを確認する
2. 建物の下半分を表示させる（図参照）

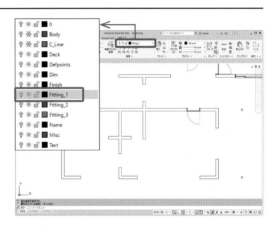

003 [DESIGNCENTER] の準備をする

[DESIGNCENTER]パレットを準備します。

1. [Ctrl] + [2] キーを押す（[DESIGNCENTER]パレットを表示/非表示を切り替えるショートカットキー）
2. [開いている図面] タブをクリックする
3. 左の欄で「Fitting.dwg」をクリックする
4. 右の欄で「ブロック」をダブルクリックする

以上の操作で「Fitting.dwg」に含まれるブロックが表示されます。

[開いている図面]タブ

「Fitting.dwg」

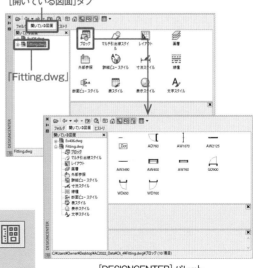

[DESIGNCENTER] パレット

One Point

[表示]タブの[パレット]パネルに【DesignCenter】ツールという[DESIGNCENTER]パレットを表示/非表示を切り替えるツールがあります。しかし本書は [Ctrl] + [2] キーで[DESIGNCENTER]パレットの表示を切り替えます。

004　AW1670を配置する（1）

　最初にAW1670を2ヶ所に配置します。[DESIGNCENTER] パレットから配置する、標準の方法です。

1 [DESIGNCENTER] パレットの「AW1670」にカーソルを合わせ、マウスボタンを押し、そのままドラッグしてA点（端点）でドロップ（マウスボタンを離すこと）する

2 同じようにB点にも「AW1670」を配置する

　結果は次図を参照してください。

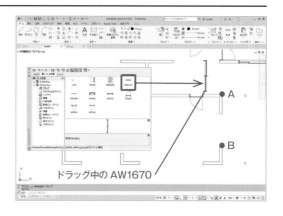

ドラッグ中の AW1670

005　AW1670を配置する（2）

　前ステップの結果です。

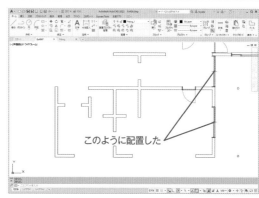

このように配置した

見やすいように [DESIGNCENTER] パレットを非表示にしている

006　2つのサッシュを配置する

　南側の2つのサッシュを配置します。

1 [DESIGNCENTER]パレットから「AW3490」をドラッグしてA点（端点）にドロップする

2 [DESIGNCENTER]パレットから「AW2125」をドラッグしてB点（端点）にドロップする

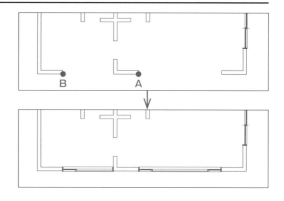

007　WD760を配置する（1）

　WD760は回転しなければなりません。配置してから回転する方法もありますがここでは配置時に回転します。

1. ［DESIGNCENTER］パレットで「WD760」をダブルクリックする
2. 「ブロック挿入」ダイアログで［回転］の「画面上で指定」にチェックを入れてから［OK］をクリックする

　次ステップに続きます。

008　WD760を配置する（2）

　前ステップの続きです。

1. A点（端点）をクリックする
2. カーソルを動かすとWD760が回転する。A点の真上方向の任意点をクリックする

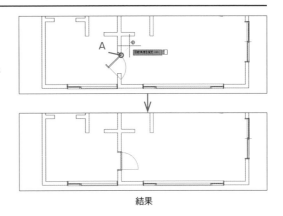

結果

009　WD650を配置する（1）

　WD650を2ヶ所に配置します。

1. ［DESIGNCENTER］パレットから「WD650」をドラッグしてA点（端点）にドロップする
2. 同じく「WD650」をドラッグしてB点（端点）にドロップする

　A点のWD650は次ステップで水平反転します。

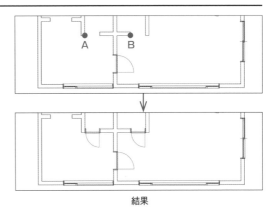

結果

010　WD650を配置する (2)

前ステップで配置したWD650の片方を水平
反転します。

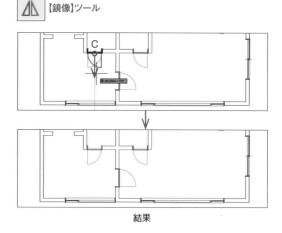

【鏡像】ツール

1 前ステップでA点にドロップしたWD650を
　クリックして選択する
2 【鏡像】ツールをクリックする
3 C点 (中点) をクリックしてからC点の真下方
　向の任意点をクリックする
4 <y>を入力する (反転)

結果

011　AW400を配置する

AW400を回転させて配置します。ステップ
007では画面上で回転させましたがここでは角
度で指定します。

1 [DESIGNCENTER] パレットで「AW400」
　をダブルクリックする
2 「ブロック挿入」ダイアログで [画面上で指
　定] のチェックを外してから [角度] に<90>
　をキーインする
3 [OK] をクリックする
4 A点 (端点) をクリックする

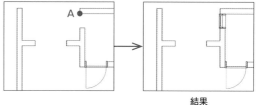

結果

012　玄関ドアを配置する

玄関ドア (GD900) を2ヶ所に配置します。

1 [DESIGNCENTER] パレットから「GD900」
　をドラッグしてA点 (端点) にドロップする
2 [DESIGNCENTER] パレットで「GD900」
　をダブルクリックする
3 「ブロック挿入」ダイアログで [回転] の [角
　度] に<90>をキーインする
4 [OK] をクリックする
5 B点 (端点) をクリックする

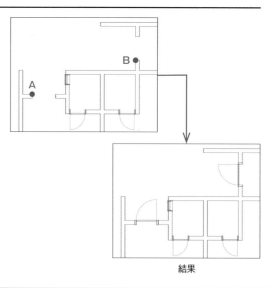

結果

013　建物上半分にブロック配置

　建物の下半分へのブロック配置が終わったので上半分にブロックを配置します。配置の手順はこれまでに説明しているので上半分は簡単に記します。

1️⃣ 建物の上部を表示させる（図参照）
2️⃣ A点（端点）にAW400をドロップする
3️⃣ B点（端点）にAW760をドロップする
4️⃣ C点（端点）にAW400をドロップする
5️⃣ D点（端点）にAD760をドロップする
6️⃣ E点（端点）にWD650をドロップする
7️⃣ F点（端点）に90°回転させたAW760を配置する（ステップ011と同じ手順）
8️⃣ ［DESIGNCENTER］パレットを閉じる

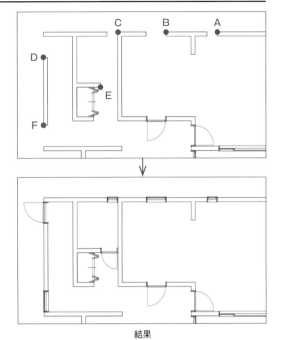

結果

014　ファイルを保存する

　以上で建具のブロックの配置が終わったのでファイルを保存します。

1️⃣ 「Body」画層をフリーズ解除する
2️⃣ 【オブジェクト範囲ズーム】ツールをクリックする
3️⃣ 【名前を付けて保存】ツールをクリックする
4️⃣ 適当なファイル名、たとえば「my_Ex406.dwg」といった名前を付けて保存する

　なお次の項目で使うデータファイルを用意しているのでAutoCADを終了してもかまいません。

【オブジェクト範囲ズーム】ツール

【名前を付けて保存】ツール

建具ブロックの配置が終わった

4.9 造作線を描く

Ex407.dwg

階段と水回りの造作線と機器類を描きます。

造作線の完成図

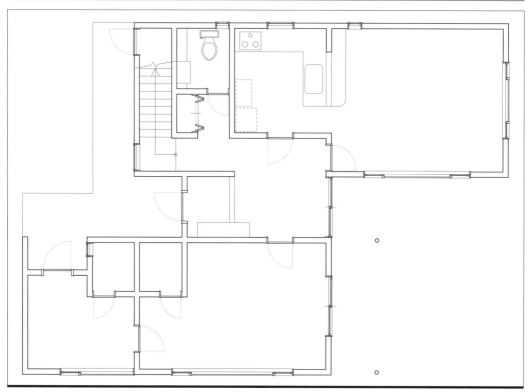

主要な造作線が完成した

製図のPOINT　造作線を描く

① 造作線は細線で描きます。これは壁の仕上げ線とはっきり区別できるようにするためです。

② 造作線はなるべく正確に描きます。これは希望するサイズで納まるかどうか、人間の動線に問題が
　ないかなど図面を作成しながらチェックをするためです。

使用するツール

造作線を描くのに用いるツールの名前と場所をまとめて示します。

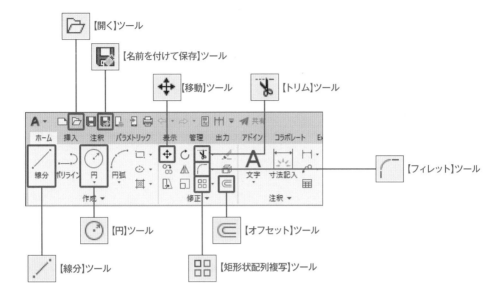

001　練習用ファイルを開く

練習用ファイルを開きます。

1 クイックアクセスツールバーの【開く】ツールをクリックする

2 練習用データ「Ex407.dwg」を開く

　【開く】ツール

Ex407.dwg

002　準備のため画層を設定する

造作線は「Misc」画層で描きます。

1️⃣ 「Misc」画層を現在画層にする
2️⃣ 「Body」画層をフリーズする
3️⃣ 前図に示す範囲を表示させる

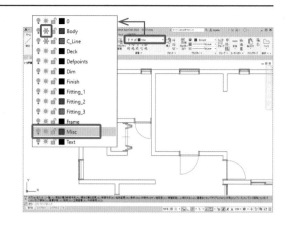

003　階段の線を描く（1）

階段の線を描きます。

1️⃣ 【線分】ツールをクリックする
2️⃣ A点（端点）にカーソルに合わせてから一呼
　吸待ち、右水平方向にカーソルを少し動か
　す
3️⃣ ＜125＞を入力してB点を確定する
4️⃣ B点の真下方向の交点（C点）をクリックする
5️⃣ ［スペース］キーを押す（ツール終了）

【線分】ツール

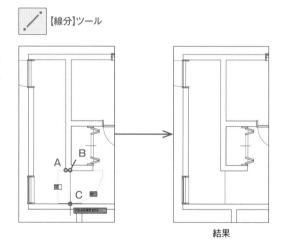

結果

004　階段の線を描く（2）

引き続き階段の線を描きます。

1️⃣ 【線分】ツールをクリックする
2️⃣ A点（端点）にカーソルに合わせてから一呼
　吸待ち、真上方向にカーソルを動かす
3️⃣ ＜25＞を入力して1点目を確定する
4️⃣ 1点目の左水平方向の交点（B点）をクリック
　する
5️⃣ ［スペース］キーを押す（ツール終了）

【線分】ツール

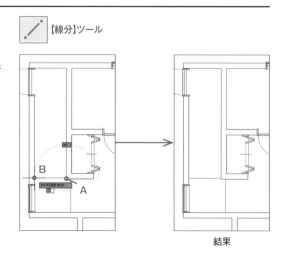

結果

005 階段の線を複写する（1）

階段線を10本複写します。

1️⃣ P線を選択する
2️⃣ 【矩形状配列複写】ツールをクリックする
3️⃣ リボンメニューで［ホーム］タブが［配列複写］タブに切り替わる
4️⃣ ［配列複写］タブで［列］に＜1＞を入力する
5️⃣ ［行］に＜11＞、［間隔］に＜210＞を入力する
6️⃣ ［スペース］キーを押す（ツール終了）

【矩形状配列複写】ツール

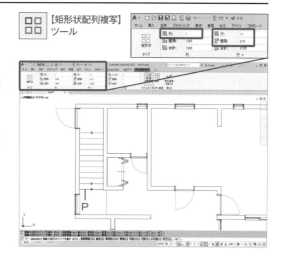

006 階段の線を複写する（2）

前ステップで複写した線は「配列複写」オブジェクトになっておりこのままでは扱いにくいので分解します。

1️⃣ 前ステップで複写した線の任意の1本をクリックする
2️⃣ リボンメニューが［配列複写］タブに切り替わるが［ホーム］タブをクリックする
3️⃣ 【分解】ツールをクリックする

分解されたかどうかは階段線の任意の1本にカーソルを合わせると1本の線分だけがハイライト表示されるので分かります。

【分解】ツール

次ステップで
拡大表示する範囲

［ホーム］タブ

分解したあとの図

007 切断線を描く（1）

階段の切断線を描きます。

1️⃣ 前図に示す範囲を表示させる
2️⃣ ステータスバーで【オブジェクトスナップ】をクリックしてオフにする
3️⃣ 【線分】ツールをクリックする
4️⃣ 図のような斜線（P）を描く
5️⃣ ［スペース］キーを押す（ツール終了）

 【線分】ツール

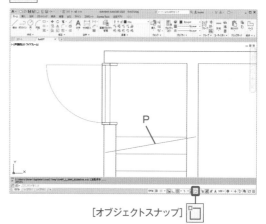

［オブジェクトスナップ］

008　切断線を描く（2）

引き続き階段の切断線を描きます。

1. ステータスバーで【オブジェクトスナップ】をクリックしてオンにする
2. 同じく【オブジェクトスナップ】を右クリックし、［近接点］をクリックしてオンにする
3. 【線分】ツールをクリックする
4. 図のような折れ線（Q）を描く
5. ［スペース］キーを押す（ツール終了）
6. 【オブジェクトスナップ】を右クリックし、［近接点］をクリックしてオフにする
7. ×を付けた線を削除する（1本）

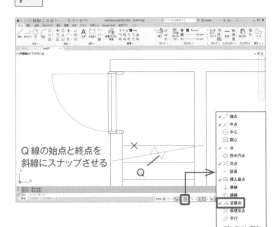

【線分】ツール

Q線の始点と終点を斜線にスナップさせる

009　切断線を描く（3）

切断線の不要部を切り取ります。

1. 【トリム】ツールをクリックする
2. ○を付けたあたりをクリックする（2ヶ所）
3. ［スペース］キーを押す（ツール終了）

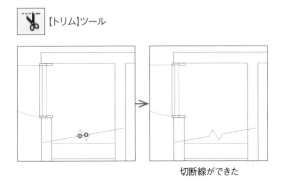

【トリム】ツール

切断線ができた

010　昇り記号を描く（1）

階段の昇り記号を描きます。

1. 階段の全体が見えるようにする
2. 【線分】ツールをクリックする
3. A点（中点）をクリックする
4. B点（中点）にカーソルを合わせてから、左水平方向にカーソルを動かし、A点の真下のC点でクリックする
5. B点をクリックする
6. ［スペース］キーを押す（ツール終了）
7. 続けて【線分】ツールでA点に矢印を描く

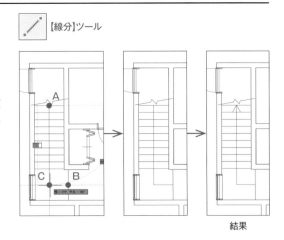

【線分】ツール

結果

011　昇り記号を描く (2)

昇り始めの段に円を描きます。

1 【円】ツールをクリックする
2 A点 (端点) をクリックする
3 <40>を入力する

One Point

円の大きさは印刷したときに直径1.5〜2mmになる円が適当です。ここで作成している図面の縮尺は1/50なので直径75〜100mm (半径37.5〜50mm) の円を描きます。

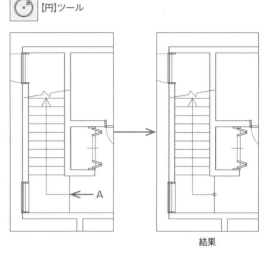

【円】ツール

結果

012　キッチンを描く (1)

キッチンセットを描きます。

1 【線分】ツールをクリックする
2 A点 (端点) にカーソルに合わせてから一呼吸待ち、左水平方向にカーソルを動かす
3 <650>を入力してB点を確定する
4 B点の真下方向にカーソルを動かし<1500>を入力してC点を確定する
5 C点の右水平方向にカーソルを動かし<1200>を入力してD点を確定する
6 D点の真上方向の交点 (E点) をクリックする
7 [スペース] キーを押す (ツール終了)

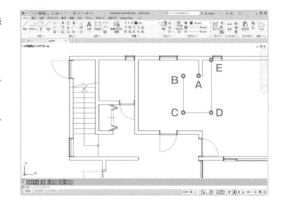

【線分】ツール

013　キッチンを描く (2)

引き続きキッチンセットを描きます。

1 【線分】ツールをクリックする
2 A点 (端点) から壁との交点まで水平線 (P) を描く
3 [スペース] キーを2回押す (終了と再開)
4 B点 (端点) から下方にある線との交点まで垂直線 (Q) を描く
5 [スペース] キーを2回押す (終了と再開)
6 C点 (端点) から下方にある線との交点まで垂直線 (R) を描く
7 [スペース] キーを押す (ツール終了)

【線分】ツール

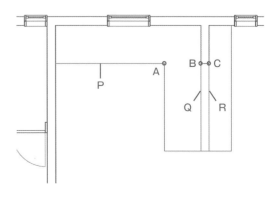

014 　 キッチンを描く（3）

クックトップを描きます。

1. 【長方形】ツールをクリックする
2. A点（端点）をクリックする
3. ＜600,500＞を入力する
4. いま描いた長方形をクリックして選択する
5. 【移動】ツールをクリックする
6. 任意の位置をクリックする（基点）
7. ＜150,50＞を入力する（目的点）

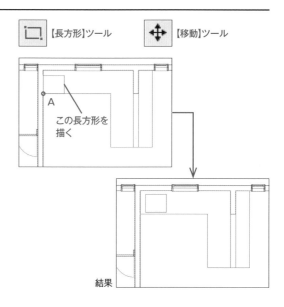

□ 【長方形】ツール　　□ 【移動】ツール

A
この長方形を
描く

結果

015 　 キッチンを描く（4）

引き続きクックトップを描きます。

1. 【円】ツールをクリックする
2. A点（端点）をクリックしてから＜75＞を入力する
3. ［スペース］キーを押す（ツール再開）
4. B点（端点）をクリックしてから＜75＞を入力する
5. ［スペース］キーを押す（ツール再開）
6. C点（中点）をクリックしてから＜50＞を入力する

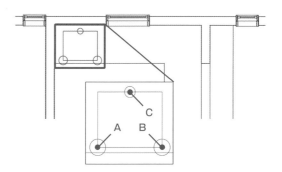

□ 【円】ツール

C
A　B

016 　 キッチンを描く（5）

引き続きクックトップを描きます。

1. P円をクリックする
2. 【移動】ツールをクリックする
3. 任意の位置をクリックする（基点）
4. ＜150,150＞を入力する
5. 同じようにQ円を＜－150,150＞移動する
6. 同じようにR円を＜0,－100＞移動する

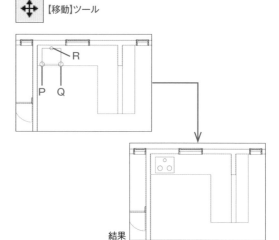

□ 【移動】ツール

R
P　Q

結果

017　キッチンを描く（6）

シンクを描きます。

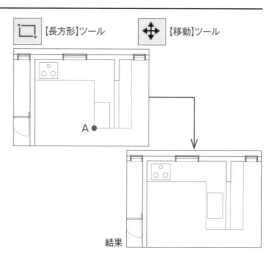

【長方形】ツール　　【移動】ツール

1. 【長方形】ツールをクリックする
2. A点（端点）をクリックしてから<500,800>を入力する
3. いま描いた長方形をクリックして選択する
4. 【移動】ツールをクリックする
5. 任意の位置をクリックする（基点）
6. <50,350>を入力する（目的点）

A

結果

018　キッチンを描く（7）

シンクとカウンターの丸面取りをします。

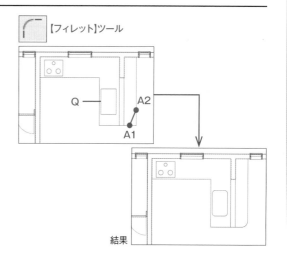

【フィレット】ツール

1. 【フィレット】ツールをクリックする
2. <r>を入力してから<100>を入力する（半径）
3. <p>を入力する（ポリライン）
4. Q長方形をクリックする
5. ［スペース］キーを押す（ツール再開）
6. <r>を入力してから<200>を入力する（半径）
7. A1→A2あたりをクリックする

Q　　　A2

A1

結果

019　キッチンを描く（8）

冷蔵庫と食器棚を描きます。

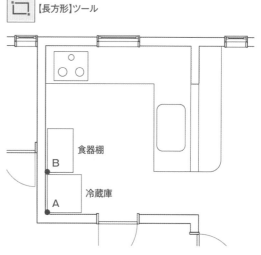

【長方形】ツール

1. ステータスバーの【オブジェクトスナップ】をオフにする
2. 【長方形】ツールをクリックする
3. A点（壁から少し離れた位置）をクリックしてから<600,650>を入力して冷蔵庫を描く
4. ［スペース］キーを押す（ツール再開）
5. B点（冷蔵庫から少し離れた位置）をクリックしてから<450,750>を入力して食器棚を描く

食器棚

B

冷蔵庫

A

020　キッチンを描く (9)

　冷蔵庫と食器棚は工事に含まれないので線種を破線に変えます。

1️⃣ 冷蔵庫と食器棚を選択する

2️⃣ [Ctrl] + [1] キーを押して「プロパティ」パレットを呼び出す

3️⃣ [線種] で「ACAD_ISO02」を選択する

4️⃣ 「線種尺度」を「0.5」にする

5️⃣ 「プロパティ」パレットを閉じる

6️⃣ [Esc] キーを押して選択を解除する

One Point

線種尺度を小さくすると線種のパターンが細かくなります。

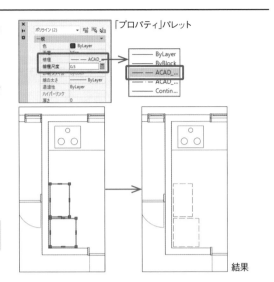

結果

021　トイレを描く (1)

　キッチンの隣のトイレを描きます。

1️⃣ ステータスバーの【オブジェクトスナップ】をオンにする

2️⃣ 【長方形】ツールをクリックする

3️⃣ A点 (端点) にカーソルを合わせてから、真上方向にカーソルを動かし<150>を入力する

4️⃣ <400,600>を入力する

5️⃣ 【線分】ツールをクリックする

6️⃣ B点 (端点) にカーソルを合わせてから、右水平方向にカーソルを動かす

7️⃣ <300>を入力してC点を確定する

8️⃣ C点の真下方向の交点 (D点) をクリックする

9️⃣ [スペース] キーを押す (ツール終了)

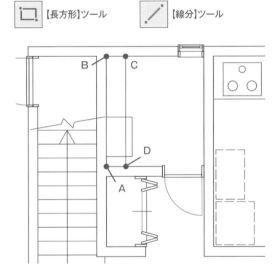

【長方形】ツール　　　【線分】ツール

022　トイレを描く (2)

　カウンターの線の不要部を切り取ります。

1️⃣ 【トリム】ツールをクリックする

2️⃣ ●を付けたあたりをクリックする (1ヶ所)

3️⃣ [スペース] キーを押す (ツール終了)

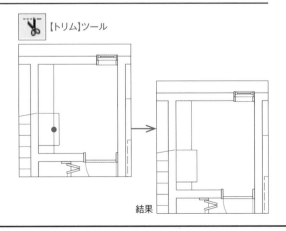

【トリム】ツール

結果

023 　トイレを描く (3)

　トイレの便器は [ツール] パレットのブロックを配置します。

1. [Ctrl] + [3] キーを押して [ツール] パレットを呼び出す
2. [ツール] パレットの [建築] タブをクリックする
3. 「トイレ-メートル」ブロックを探し見つけたらクリックする
4. トイレ内の任意の位置をクリックして「トイレ-メートル」ブロックを配置する

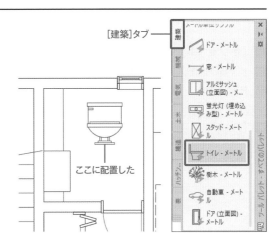

[建築]タブ

ここに配置した

CHAPTER 4 平面図の作成

024 　トイレを描く (4)

　「トイレ-メートル」ブロックを平面図用に変えます。

1. 配置した「トイレ-メートル」ブロックをクリックして選択する
2. グリップ (選択マーク) のうち▼をクリックしてメニューを出し「伸張 (平面)」をクリックする
3. 【移動】ツールをクリックする
4. 任意の位置たとえば便器の中央あたりをクリックしてから、カーソルを動かし、図のあたりに便器を移動してクリックする

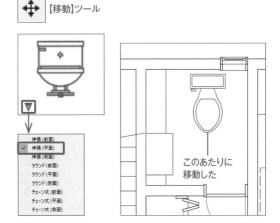

【移動】ツール

このあたりに移動した

025 　玄関を描く (1)

　玄関の下駄箱と上がり框 (あがりがまち) を描きます。

1. 玄関部分を表示させる
2. 【長方形】ツールをクリックする
3. A点にカーソルを合わせ、右水平方向にカーソルを動かし<300>を入力する
4. <1500,400>を入力する (下駄箱)
5. 【線分】ツールをクリックする
6. B点 (端点) をクリックしてから真下の交点 (C点) をクリックする
7. [スペース] キーを押す (ツール終了)

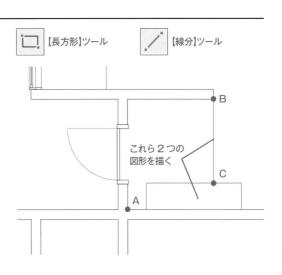

【長方形】ツール　　【線分】ツール

これら2つの図形を描く

026 玄関を描く(2)

上がり框を仕上げます。

1 【オフセット】ツールをクリックする
2 <150>を入力する(間隔)
3 P線をクリックしてからP線の左側をクリックする
4 [スペース]キーを押す(ツール終了)

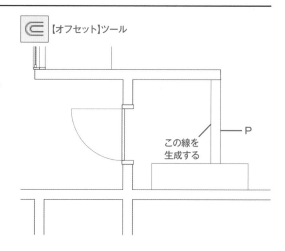

【オフセット】ツール

この線を
生成する

P

027 ポーチを描く(1)

ポーチを描きます。

1 ポーチのあたりを表示させる
2 【線分】ツールをクリックする
3 A点(端点)をクリックしてからA点の真上方向にカーソルを動かす
4 <1200>を入力してB点を確定する
5 B点から右方向に水平線を描く(長さは任意)
6 [スペース]キーを2回押す(終了と再開)
7 C点(端点)をクリックしてからC点の左水平方向にカーソルを動かす
8 <1200>を入力してD点を確定する
9 D点から下方向に垂直線を描く(長さは任意)
10 [スペース]キーを押す(ツール終了)

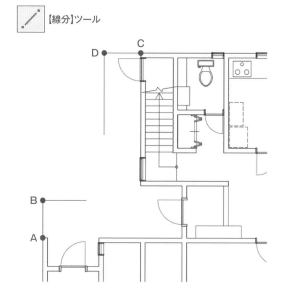

【線分】ツール

028 ポーチを描く(2)

ポーチを仕上げます。

1 【フィレット】ツールをクリックする
2 <r>を入力する
3 <0>を入力する(半径=0mm)
4 A1→A2あたりをクリックする

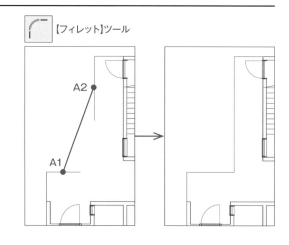

【フィレット】ツール

029 ファイルを保存する

以上で主要な造作線が完成したのでファイルを保存します。

1. 【オブジェクト範囲ズーム】ツールをクリックする
2. 「Body」画層をフリーズ解除する
3. 【名前を付けて保存】ツールをクリックする
4. 適当なファイル名、たとえば「my_Ex407. dwg」といった名前を付けて保存する

なお残りの造作線を描いたデータファイルを用意しているのでAutoCADを終了してもかまいません。

【オブジェクト範囲ズーム】ツール

【名前を付けて保存】ツール

主な造作線が完成した

4.10 図面を仕上げる

 Ex408.dwg

文字を記入しデッキとポーチ回りにハッチングを施し、自動車を配置し、寸法を記入
して図面を仕上げます。寸法のレイアウトの方法や文字列の位置揃えの方法なども
解説しています。

平面図の完成図

1階平面図　S=1/50

製図のPOINT ≫ 図面を仕上げる

① ハッチングは面的な表現をするときに使います。文字記入を先にすれば文字部分を避けてハッチングを施してくれます。

② 手描き製図で寸法と文字を記入すると急に図面らしくなりますが、CADでも同じです。

③ CADでは寸法と文字は簡単に記入できますし、最後の作業なのでつい乱暴に記入してしまいます。しかし文字の位置や寸法の記入位置がばらばらになると、図面全体が粗雑に見え、設計内容まで軽く見られてしまいます。このため記入に関してはきちんとしたレイアウトが大事です。

AutoCAD の操作

使用するツール

図面の仕上げに用いるツールの名前と場所をまとめて示します。

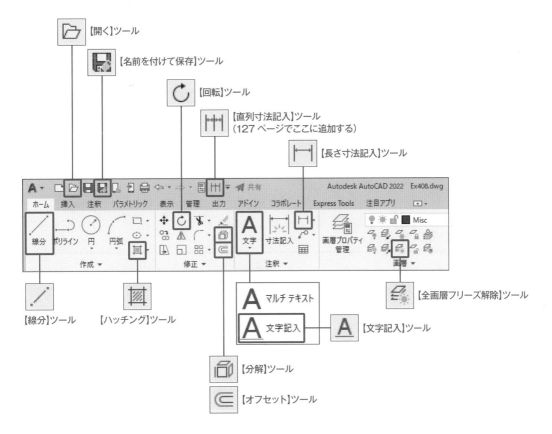

【開く】ツール

【名前を付けて保存】ツール

【回転】ツール

【直列寸法記入】ツール
（127 ページでここに追加する）

【長さ寸法記入】ツール

【線分】ツール　【ハッチング】ツール

マルチ テキスト
文字記入 ── A 【文字記入】ツール

【全画層フリーズ解除】ツール

【分解】ツール

【オフセット】ツール

001　練習用ファイルを開く

練習用ファイルを開きます。

1. クイックアクセスツールバーの【開く】ツールをクリックする
2. 練習用データ「Ex408.dwg」を開く

Ex408.dwgはデッキ部とスモールオフィス部に造作線を描き加えています。また「Body」画層をフリーズしています。

【開く】ツール

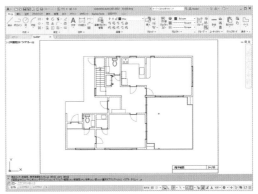

Ex408.dwg

002　準備のため画層を設定する

文字は「Text」画層に描きます。

1. 建物の上半分を表示させる
2. 「Text」画層を現在画層にする
3. [注釈] パネルの「注釈▼」をクリックし、文字スタイルが「my_Text」になっているのを確認する

One Point

文字スタイルの「my_Text」の先頭にマークが付いています。このマークは「my_Text」が「異尺度対応」になっていることを示しています。このことは文字のサイズを指定するときに大きな意味があるので留意してください。

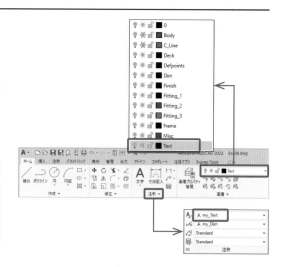

003　室名を記入する（1）

室名を記入します。

1. 【文字記入】ツールをクリックする
   ※【マルチテキスト】ツールでないことに注意。
2. リビング・ダイニングの任意の位置をクリックする
3. <2.5>を入力（文字の高さ=2.5mm）
4. [スペース] キーを押す（文字の角度=0゜）
5. <リビング・ダイニング>をキーインする
6. キッチンの任意の位置をクリックする
7. <キッチン>をキーインする
8. トイレの任意の位置をクリックする
9. <トイレ>をキーインする

次ステップに続きます。

【文字記入】ツール

室名の位置はあとで調整するのでだいたいの位置に記入する

One Point

文字の高さの2.5mmはAutoCADの文字の 標準の高さです。

004　室名を記入する（2）

引き続き室名を記入します。

1. 玄関のあたりをクリックしてから<玄関>をキーインする
2. 同じように「物入」、「物置」、「ホール」、「ポーチ」を記入する
3. 任意の位置をクリックしてから [Enter] キーを2回押す（ツール終了）

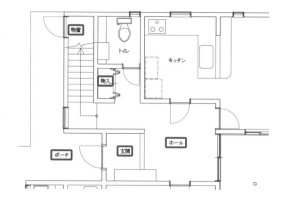

005　室名を記入する（3）

引き続き室名を記入します。

1. 建物の下半分を表示させる
2. 【文字記入】ツールをクリックする
3. 仕事室の任意の位置をクリックする
4. ［スペース］キーを2回押す（文字の高さと角度が前回と同じ）
5. ＜仕事室＞とキーインする
6. 同じように「**湯沸室**」、「**トイレ**」、「**玄関**」、「**打合せ室**」、「**デッキ**」を記入する
7. 任意の位置をクリックしてから［Enter］キーを2回押す（ツール終了）

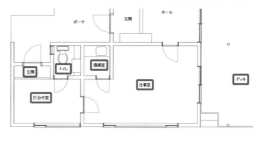

室名の記入が終わった

006　室名の位置を調整する（1）

室名の位置を調整します。水平位置を揃えられる室名があるなら揃えます。例として「ポーチ」、「玄関」、「ホール」を揃えます。

1. 「玄関」をクリックして選択する
2. 「玄関」のグリップをクリックしてからカーソルを「ポーチ」の基点に合わせる
3. カーソルを右水平方向に動かし良いと思う位置でクリックする
4. 同じように「ホール」を「玄関」の水平位置に揃える
5. ［Esc］キーを押して選択を解除する

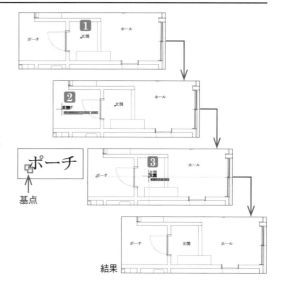

結果

007　室名の位置を調整する（2）

　図は室名の位置の調整が終わったところです。位置（高さ）を揃えた室名のところに下線を引いています。

　必ずしもこの図に従う必要はなく、位置調整の一例としてとらえてください。

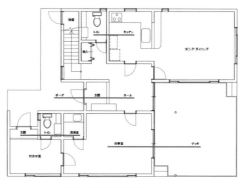

室名の位置の調整が終わった

008　ハッチングを施す(1)

ハッチングのパターンなどを設定します。

■ 「Deck」画層を現在画層にする

■ 【ハッチング】ツールをクリックする

■ リボンが [ホーム] タブから [ハッチング作成] タブに切り替わる

■ [パターン] の▼をクリックしてパターンリストを出し「ANSI37」を選択する

■ プロパティの [角度] に<**45**>を入力する

■ [尺度] に<**31.5**>を入力する
　※ANSI37は尺度31.5で間隔が100mmになります。

■ 【点をクリック】をクリックする

　次ステップに続きます。

[点をクリック]　　【ハッチング】ツール

One Point

ハッチングパターンはインチ単位で作成されているためmm単位の図面で使うと不自然なパターンになります。そこで適当な尺度でハッチングを施し、これを【分解】ツールで分解して計測し、希望する尺度を算出します。

009　ハッチングを施す(2)

前ステップの続きです。

■ ●を付けたあたりをクリックする (6ヶ所)

■ [スペース] キーを押す (ツール終了)

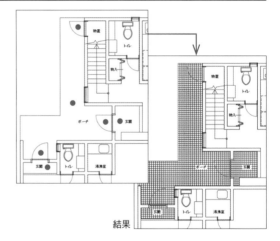

結果

010　ハッチングを施す(3)

デッキにハッチングを施します。

■ 【ハッチング】ツールをクリックする

■ [パターン] の▼をクリックしてパターンリストを出し「ANSI31」を選択する

■ プロパティの [角度] に<**45**>を入力する

■ [尺度] に<**47.22**>を入力する
　※間隔150mmの縦線ハッチングになります。

■ デッキの内側の任意の位置をクリックする

■ [スペース] キーを押す (ツール終了)

One Point

前回の【ハッチング】で[点をクリック]モードにしたので今回は [点をクリック] をクリックする必要はありません。

【ハッチング】ツール

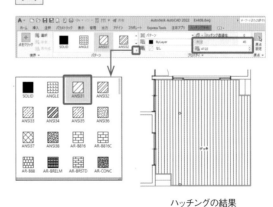

ハッチングの結果

011 寸法記入の準備をする(1)

寸法を記入する準備をします。

- ■ 【画層】をクリックして画層リストを出し「Dim」画層を現在画層にする
- ② 同じように「C_Line」画層をフリーズ解除する
- ③ 同じように「C_Line」画層、「Defpoints」画層、「Dim」画層、「Frame」画層の4画層以外の画層をフリーズする

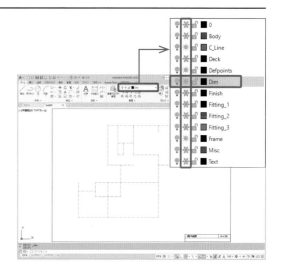

012 寸法記入の準備をする(2)

寸法記入に用いるツールのうち【直列寸法記入】ツールが [ホーム] タブにありません。

そこで【直列寸法記入】ツールをクイックアクセスツールバーに登録します。

- ■ クイックアクセスツールバーの任意の位置で右クリックし、メニューで【クイックアクセスツールバーをカスタマイズ】をクリックする
- ② パレットのカテゴリーで「寸法」を選択する
- ③ 【寸法記入、直列寸法記入】ツールをドラッグしてクイックアクセスツールバーの任意の位置にドロップする
- ④ [適用]をクリックしてからパレットを閉じる

■ 右クリック

③ 位置が違っても気にしない

013 寸法線の位置決め用定規(1)

寸法の記入位置を決めるための定規を作成します。少し面倒ですが定規はとても重要な要素です。

- ■ 【長方形】ツールをクリックする
- ② A点(端点)→B点(端点)をクリックする

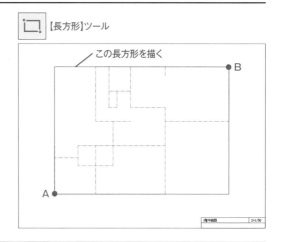
【長方形】ツール
この長方形を描く

CHAPTER
4
平面図の作成

014　寸法線の位置決め用定規（2）

　前ステップで描いた長方形から外側で1500mm離れた位置に寸法用定規を生成します。

1　【オフセット】ツールをクリックする
2　＜1500＞を入力する（間隔）
3　P長方形をクリックしてからP長方形の外側をクリックする
4　最後にP長方形を削除する

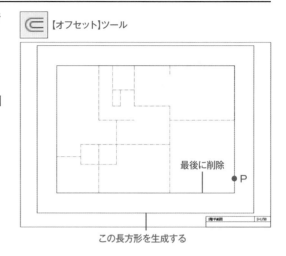

この長方形を生成する

015　寸法線の位置決め用定規（3）

　前ステップで生成した長方形を見ると上下はぎりぎりですが左右には余裕があります。左右を500mm広げます。

1　前ステップで生成した長方形を選択する
2　右側のグリップ（A）をクリックしてから右水平方向にカーソルを動かす
3　＜500＞を入力する
4　左側のグリップ（B）をクリックしてから左水平方向にカーソルを動かす
5　＜500＞を入力する
6　［Esc］キーを押して選択解除する

　結果は次図を参照してください。

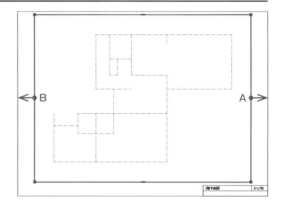

016　寸法線の位置決め用定規（4）

　3段分の定規を用意します。

1　【オフセット】ツールをクリックする
2　＜300＞を入力する
3　P長方形をクリックしてからP長方形の内側をクリックしてQ長方形を生成する
4　Q長方形をクリックしてからQ長方形の内側をクリックしてR長方形を生成する
5　［スペース］キーを押す（ツール終了）
6　P、Q、Rの3つの長方形を選択する
7　【分解】ツールをクリックする

3段分の定規を用意できた

017   寸法を記入する (1)

　寸法の記入をはじめます。A1点〜A6点はすべて通り芯線の端点です（以後同じです）。

1 【長さ寸法記入】ツールをクリックする
2 A1点→A6点をクリックする
3 C点（中点）をクリックする
4 ［スペース］キーを押す（ツール再開）
5 A1点→A5点をクリックする
6 D点（中点）をクリックする
7 【直列寸法記入】ツールをクリックする
8 A6点をクリックする
9 ［スペース］キーを2回押す（ツール終了）

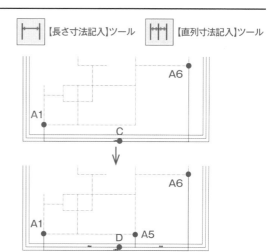

018   寸法を記入する (2)

　寸法の記入を続けます。

1 【長さ寸法記入】ツールをクリックする
2 A1点→A2点をクリックする
3 E点（端点）をクリックする
4 【直列寸法記入】ツールをクリックする
5 A3点、A4点、A5点をクリックする
6 ［スペース］キーを2回押す（ツール終了）
7 【長さ寸法記入】ツールをクリックする
8 A5点をクリックしてから右水平方向にカーソルを動かし、＜1365＞を入力する
9 F点（端点）をクリックする
10 【直列寸法記入】ツールをクリックする
11 A6点をクリックする
12 ［スペース］キーを2回押す（ツール終了）

019   寸法を記入する (3)

　不要になった定規を削除します。

1 ×を付けた線を削除する（3本）

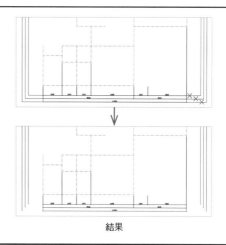

結果

020　寸法を記入する（4）

寸法の記入をはじめます。B1点〜B6点はすべて通り芯線の端点です（以後同じです）。

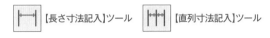

1. 【長さ寸法記入】ツールをクリックする
2. B1点→B6点をクリックする
3. G点（中点）をクリックする
4. ［スペース］キーを押す（ツール再開）
5. B1点→B4点をクリックする
6. H点（端点）をクリックする
7. 【直列寸法記入】ツールをクリックする
8. B6点をクリックする
9. ［スペース］キーを2回押す（ツール終了）

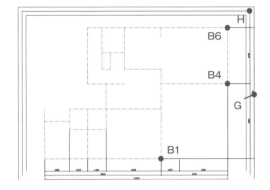

021　寸法を記入する（5）

寸法の記入を続けます。

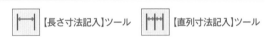

1. 【長さ寸法記入】ツールをクリックする
2. B1点→B2点をクリックする
3. I点（端点）をクリックする
4. 【直列寸法記入】ツールをクリックする
5. B3点、B4点、B5点、B6点をクリックする
6. ［スペース］キーを2回押す（ツール終了）
7. ×を付けた線を削除する（3本）

結果は次図を参照してください。

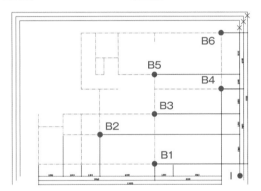

022　寸法を記入する（6）

ここまでの結果を示します。

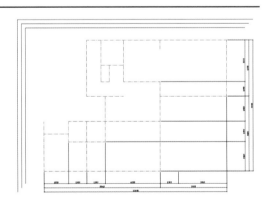

023 寸法を記入する(7)

　上側と左側の寸法が残っていますが、これまでの操作とほとんど変わらないので説明を略します。図または122ページの完成図をもとに寸法を記入してください。

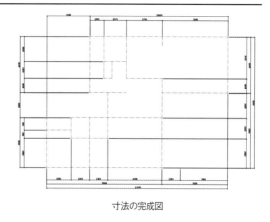

寸法の完成図

024 自動車を記入する(1)

　最後に自動車を配置するので準備をします。

■ 【全画層フリーズ解除】ツールをクリックする
■ 【画層】をクリックし画層リストで「C_Line」画層をフリーズする
■ 【画層】をクリックし画層リストで「Misc」画層を現在画層にする

【全画層フリーズ解除】ツール

025 自動車を記入する(2)

　最後に自動車を配置します。

■ [Ctrl] + [3] キーを押して [ツール] パレットを呼び出す
■ [ツール] パレットの [建築] タブで「自動車-メートル」をクリックする
■ 図に示すあたりをクリックして「自動車-メートル」ブロックを配置する
■ 「ツール」パレットを閉じる

026　自動車を記入する(3)

平面図用の自動車に変えます。

1. 前ステップで配置した自動車をクリックして選択する
2. ▼のグリップをクリックしてリストを出し、たとえば「スポーツカー（上面)」をクリックする
3. 【回転】ツールをクリックする
4. 自動車の中央あたりをクリックしてからカーソルを動かして自動車の向きを変える
5. [Esc] キーを押す（選択解除）

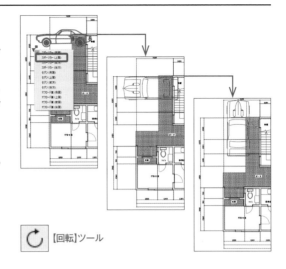

【回転】ツール

027　自動車を記入する(4)

自動車の位置を調整します。

1. 自動車をクリックして選択する
2. 【移動】ツールをクリックする
3. 自動車の中央あたりをクリックしてからカーソルを動かして自動車の位置を調整しクリックして確定する
4. [Esc] キーを押す（選択解除）

自動車の位置を調整したあとの図

028　ファイルを保存する

　以上で図面の仕上げが終わり平面図が完成したのでファイルを保存します。

1. 【オブジェクト範囲ズーム】ツールをクリックする
2. 【名前を付けて保存】ツールをクリックする
3. 適当なファイル名、たとえば「my_Ex408.dwg」といった名前を付けて保存する

　なお練習用データの「AC2022_Data」フォルダの中の「Ch_4」フォルダに完成図「Ex409E.dwg」があります。

【オブジェクト範囲ズーム】ツール

【名前を付けて保存】ツール

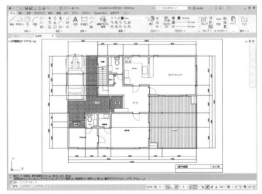

平面図が完成した

立面図の作成

第4章で描いた住宅の正面の立面図（南立面図）を作成します。課題の住宅は木造住宅で平面図では工法は特に定めていませんが、立面図では工法によって各部の高さが大きく異なります。そこで、ここでは2×4建築に準じた各部の高さで立面図を作成します。

5.1 立面図の作成にあたって

本章では第4章で平面図を描いた住宅の立面図を描きます。完成図を135ページに示します。

製図のPOINT ≫ **立面図を描く**

① 戸建て住宅の立面図は屋根が最重要でこのため屋根から描くのが普通です。本書でも屋根から描きます。

② 屋根は屋根伏図と高さ基準図から屋根の3D形状を想像し、これを2Dに変換して描きます。これはビギナーにとってハードルが高いところですが、透視図と屋根伏図をじっくりと眺めてどのように描けばよいかを考えてみてください。

③ 雨どいや床下換気口は記入していません。

④ プレゼンテーションに使えるように屋根面にハッチングを施し、ガラス面を塗りつぶします。

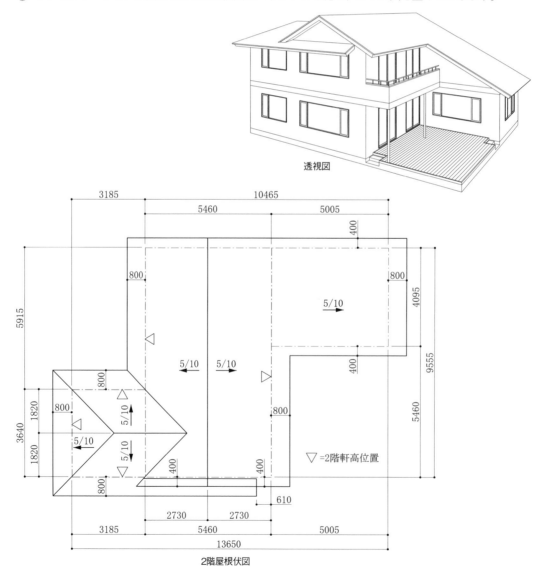

透視図

2階屋根伏図

本章で作図する立面図

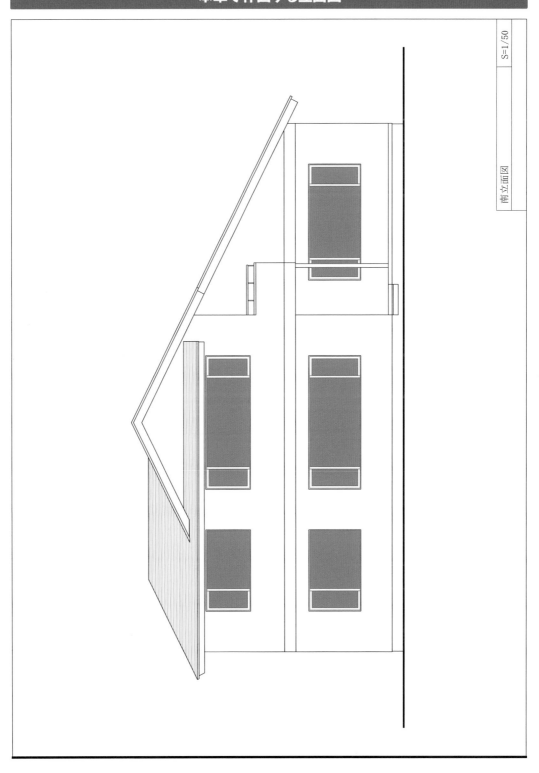

S=1/50

南立面図

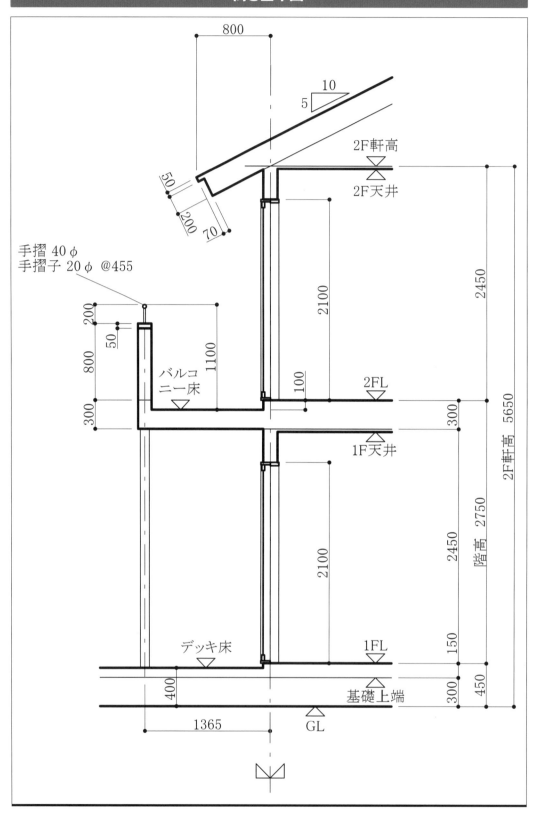

5.2 基準線を描く

Ex501.dwg、Plan_2F.dwg

立面図を描くときの基準になる線を描きます。基準には高さの基準線と縦方向の通り芯線の2種類あります。通り芯線は平面図を参照して描きます。

基準線の完成図

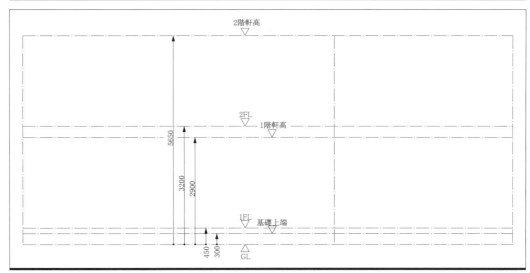

※参考のために文字などを加筆しています

2FL=2 階床面
1FL=1 階床面
GL= 地盤面（地面）

製図のPOINT ≫ 基準線を描く

① 高さの基準線は図面を見ながら数値を入力して描きますが、通り芯線は平面図から写します。

② 基準線は「C_Line」画層に描きます。画層の設定は色：red（赤）、線種：ACAD_ISO10W100、線の太さ：0.09mmです。

使用するツール

基準線を描くのに用いるツールの名前と場所をここでまとめて示します。

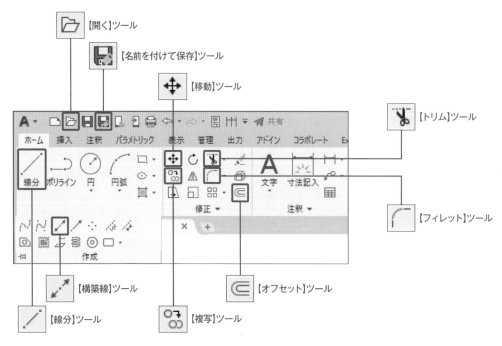

[表示]タブ

【外部参照パレット】ツール

001　練習用ファイルを開く

　各種の設定を済ませた練習用ファイルを開きます。

1　クイックアクセスツールバーの【開く】ツールをクリックする

2　練習用データ「Ex501.dwg」を開く

3　【オブジェクト範囲ズーム】ツールをクリックして全体を表示させる

One Point

「Ex501.dwg」は「A3判用紙・縮尺＝1/50」に設定し、本章で使用する画層の設定済みファイルです。

【開く】ツール　　【オブジェクト範囲ズーム】ツール

Ex501.dwg

002　準備

最初に画層と作図補助機能の確認をします。

1 「C_Line」画層が現在画層になっているのを確認する
2 ステータスバーの【ダイナミック入力】、【極トラッキング】、【オブジェクトスナップトラッキング】、【オブジェクトスナップ】がオンになっているのを確認する
3 【極トラッキング】を右クリックして「15、30、45、60」がオンになっているのを確認する
4 【オブジェクトスナップ】を右クリックして「端点」、「中点」、「点」、「交点」、「挿入基点」の5点だけがオンになっているのを確認する

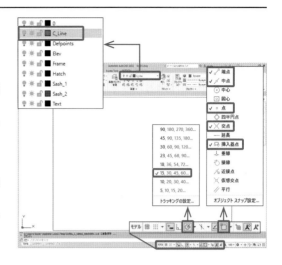

003　高さ基準線の準備

最初に高さ基準線のレイアウト用の線を描きます。

1 【線分】ツールをクリックする
2 A点（中点）→B点（中点）をクリックする
3 ［スペース］キーを押す（ツール終了）

【線分】ツール

004　高さ基準線を描く（1）

136ページの図で2階軒高の高さがGL（地面の線）から5,650mmと分かります。この高さを元にGLと2階軒高の線を生成します。

1 【オフセット】ツールをクリックする
2 ＜5650/2＞を入力する
3 P線をクリックし、P線の上側をクリックする
4 P線をクリックし、P線の下側をクリックする
5 ［スペース］キーを押す（ツール終了）
6 最後にP線を削除する

【オフセット】ツール

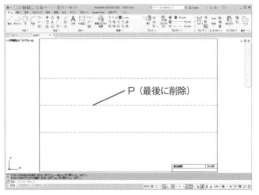

P線の両側に線を生成したあとの図

005　高さ基準線を描く（2）

レイアウトを調整します。屋根の高さを約
1,600mmとして800mm下げます。

1 2本の基準線をクリックして選択する
2 【移動】ツールをクリックする
3 任意の位置（A点）をクリックしてからカーソ
　 ルを真下方向に動かす
4 ＜800＞を入力する

　 結果は次図を参照してください。

【移動】ツール

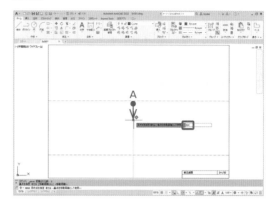

006　高さ基準線を描く（3）

高さ基準線を複写します。

1 P線をクリックして選択する
2 【複写】ツールをクリックする
3 任意の位置をクリックしてからカーソルを
　 真上方向に動かす
4 ＜300＞を入力する（基礎上端）
5 ＜450＞を入力する（1FL）
6 ＜2900＞を入力する
7 ＜3200＞を入力する（2FL）
8 ［スペース］キーを押す（ツール終了）

【複写】ツール

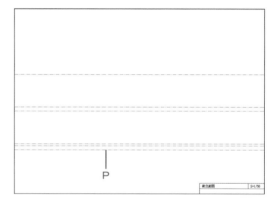

007　2階平面図をアタッチする（1）

通り芯線を描くために2階平面図をアタッチ
します。

1 【外部参照パレット】ツールをクリックする
2 ［外部参照］パレットで［DWGをアタッチ］
　 をクリックする
3 練習用データ「Plan_2F.dwg」を開く
4 ダイアログで［挿入位置］の［Y:］に
　 ＜10000＞を入力する（本来の位置より
　 10m上方に配置）
5 パレットを閉じる

　 結果は次図を参照してください。

【外部参照パレット】ツール

［DWGをアタッチ］

「Plan_2F.dwg」は「Ch_5」のものです。
「Ch_6」にも同名のファイルがあるので注意。

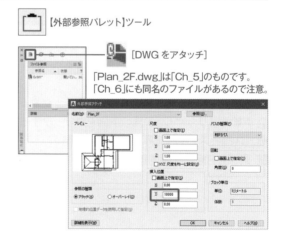

008　2階平面図をアタッチする (2)

2階平面図の画層を設定します。

1. 【オブジェクト範囲ズーム】ツールをクリックする
2. リボンメニューの［ホーム］タブをクリックする
3. 【画層】をクリックし「Plan_2F|2F_Finish」画層と「Plan_2F|2F_Sash」画層をフリーズする
   ※現在画層は「C_Line」画層のままです。

【オブジェクト範囲ズーム】ツール

009　通り芯線を描く

通り芯線を描きます。

1. 2階平面図部分を拡大表示する
2. 【構築線】ツールをクリックする
3. ＜v＞を入力する (垂直の構築線)
4. A点 (端点)、B点 (端点)、C点 (端点) をクリックする
5. ［スペース］キーを押す (ツール終了)

One Point

【構築線】ツールはワンクリックで無限長の線を描くツールです。「v」を入力すれば垂直線、「h」を入力すると水平線を描けます。
【構築線】ツールで描いた線は【線分】ツールで描いた線と同じように編集できます。

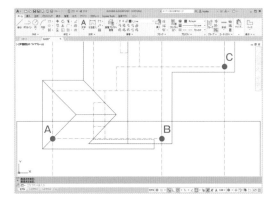

【構築線】ツール

010　通り芯線の不要部を切り取る

通り芯線の不要部を切り取ります。

1. 高さ基準線の全体が見えるようにする
2. 【トリム】ツールをクリックする
3. ＜t＞を入力する (切り取りエッジ)
4. P線とQ線をクリックする (切り取りエッジ)
5. ［スペース］キーを押す (選択確定)
6. A1点→A2点をクリックする (交差フェンス)
7. B1点→B2点をクリックする (交差フェンス)
8. ［スペース］キーを押す (ツール終了)

結果は次図を参照してください。

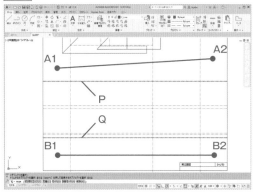

【トリム】ツール

A1 点〜 B2 点は任意点

011 基準線の不要部を切り取る

基準線の不要部を切り取ります。

1. 【トリム】ツールをクリックする
2. A1点→A2点をクリックする（交差フェンス）
3. B1点→B2点をクリックする（交差フェンス）
4. ［スペース］キーを押す（ツール終了）

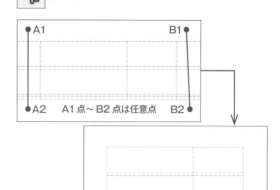

【トリム】ツール

A1点～B2点は任意点

結果

012 アタッチを解除する

このあとファイルを保存するので練習のためにアタッチを解除しておきます。
※普通はアタッチしたままでかまいません。

1. 【外部参照パレット】ツールをクリックする
2. ［外部参照］パレットで［Plan_2F］をクリックして選択する
3. 右クリックしてメニューを出し【アタッチ解除】をクリックする
4. パレットを閉じる

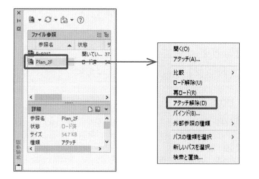

【外部参照パレット】ツール

013 ファイルを保存する

以上で基準線が完成したのでファイルを保存します。

1. 【名前を付けて保存】ツールをクリックする
2. 適当なファイル名、たとえば「my_Ex501.dwg」といった名前を付けて保存する

なお次の項目で使うデータファイルを用意しているのでAutoCADを終了してもかまいません。

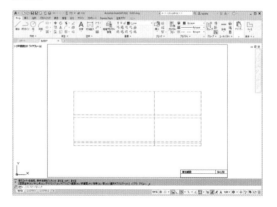

【名前を付けて保存】ツール

5.3 屋根を描く

Ex502.dwg、Plan_2F.dwg

立面図は屋根から描きます。課題の住宅は練習のために寄棟屋根・切妻屋根・葺き下ろしを混在させています。

屋根を描くためには屋根を立体的に想像する必要があります。このことはビギナーにとって高いハードルです。まずは134ページの透視図と2階屋根伏図をじっくりと観察してから本節の練習をしてください。

屋根の完成図

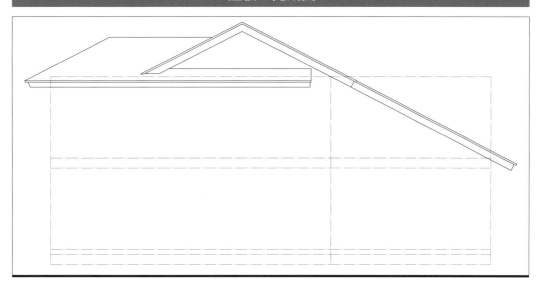

製図のPOINT ≫ 屋根を描く

① 屋根は軒の位置と棟の位置を正確に指定することがポイントになります。計算で出す方法もありますが本書では図から位置を見つける方法を紹介しています。

② 屋根は「Elev」画層に描きます。画層の設定は色：white（黒）、線種：Continuous（実線）、線の太さ：0.18mmです。

③ 住宅で主に使われる屋根の形を図示します。

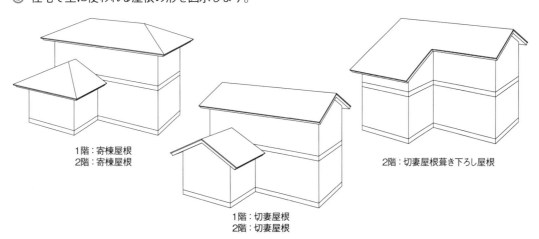

1階：寄棟屋根
2階：寄棟屋根

1階：切妻屋根
2階：切妻屋根

2階：切妻屋根葺き下ろし屋根

使用するツール

屋根を描くのに用いるツールの名前と場所をここでまとめて示します。

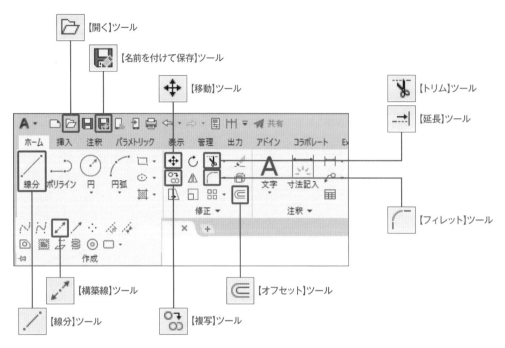

[表示]タブ

【外部参照パレット】ツール

001 練習用ファイルを開く

練習用ファイルを開きます。

1. クイックアクセスツールバーの【開く】ツールをクリックする
2. 練習用データ「Ex502.dwg」を開く
3. 【オブジェクト範囲ズーム】ツールをクリックして全体を表示させる

　※今後3の手順を記しませんがファイルを開いたときは【オブジェクト範囲ズーム】ツールをクリックしてください。あるいはマウスのホイールをダブルクリックすれば同じ結果を得られます。

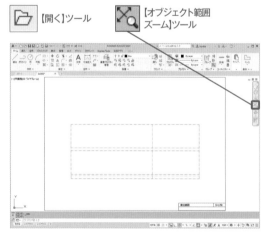

【開く】ツール　　【オブジェクト範囲ズーム】ツール

Ex502.dwg

002 準備(1)

最初に2階平面図をアタッチします。

1. 【外部参照パレット】ツールをクリックする
2. [外部参照] パレットで [DWGをアタッチ] をクリックする
3. 練習用データ「Plan_2F.dwg」を開く
4. ダイアログで [挿入位置] の [Y:] に<10000> を入力する(本来の位置より10m上方に配置)
5. パレットを閉じる

結果は次図を参照してください。

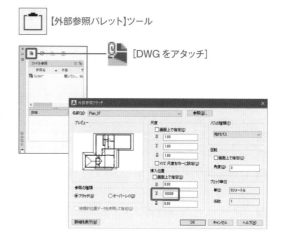

【外部参照パレット】ツール

[DWGをアタッチ]

003 準備(2)

画層の準備をします。

1. リボンメニューの [ホーム] タブをクリックして元に戻す
2. 【画層】をクリックし「Plan_2F|2F_Finish」画層と「Plan_2F|2F_Sash」画層をフリーズする
3. 「Elev」画層を現在画層にする

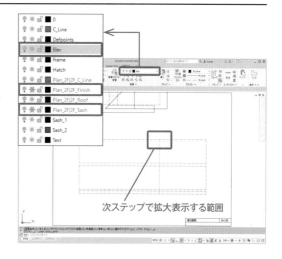

次ステップで拡大表示する範囲

004 軒先を描く(1)

最初に屋根の勾配(5/10)の線を描きます。

1. 前図に示す範囲を表示させる
2. 【線分】ツールをクリックする
3. A点(端点)をクリックする
4. <-2000,1000>を入力する(勾配=5/10)
5. [スペース] キーを押す(ツール終了)

【線分】ツール

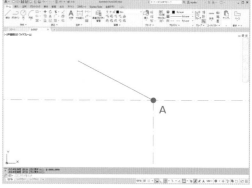

勾配=5/10の線を引いた

005　軒先を描く(2)

屋根の下地(200厚)の線と仕上げ線(50厚)を生成します。

1️⃣ 【オフセット】ツールをクリックする
2️⃣ <200>を入力する(間隔)
3️⃣ P線をクリックしてからP線の上側をクリックしてQ線を生成する
4️⃣ [スペース]キーを2回押す(終了と再開)
5️⃣ <50>を入力する(間隔)
6️⃣ Q線をクリックしてからQ線の上側をクリックする
7️⃣ [スペース]キーを押す(ツール終了)

 【オフセット】ツール

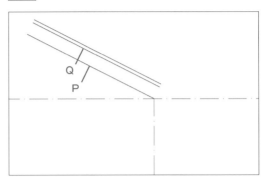

006　軒先を描く(3)

軒先の先端の線を用意します。

1️⃣ 【線分】ツールをクリックする
2️⃣ A点(端点)→B点(端点)をクリックする
3️⃣ [スペース]キーを押す(ツール終了)

One Point

線に対する垂直線は線を複写して90°回転させる、オブジェクトスナップで「垂線」をオンにするなどの方法がありますが、ここでは平行線の端点を結ぶという簡単な方法を採用しました。

 【線分】ツール

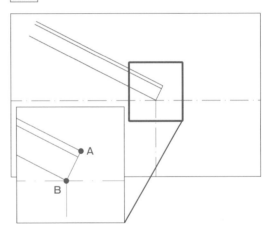

007　軒先を描く(4)

軒先の先端の位置に線を描きます。

1️⃣ 【オフセット】ツールをクリックする
2️⃣ <l>(エル)を入力する(画層)
3️⃣ <c>を入力する(現在画層に生成)
4️⃣ <800>を入力する(間隔)
5️⃣ P線(通り芯線)をクリックしてからP線の右側をクリックする
6️⃣ [スペース]キーを押す(ツール終了)

 【オフセット】ツール

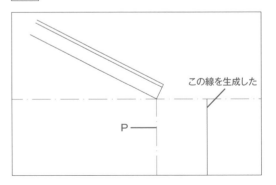

この線を生成した

008　軒先を仕上げる（1）

　軒先を描くための線が揃ったので仕上げに入ります。先端の位置まで線を延長します。

1. 【延長】ツールをクリックする
2. ＜b＞を入力する（境界エッジ）
3. P線をクリックする（境界エッジ）
4. ［スペース］キーを押す（選択確定）
5. A1点（任意点）→A2点（任意点）をクリックする（交差フェンス）
6. ［スペース］キーを押す（ツール終了）

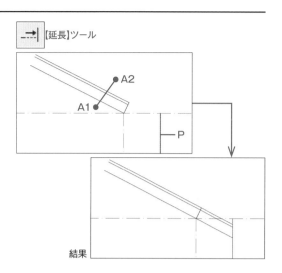

【延長】ツール

結果

009　軒先を仕上げる（2）

　先端の線を移動します。

1. P線をクリックして選択する
2. 【移動】ツールをクリックする
3. A点（端点）をクリックしてからB点（端点）をクリックする
4. 最後にQ線を削除する

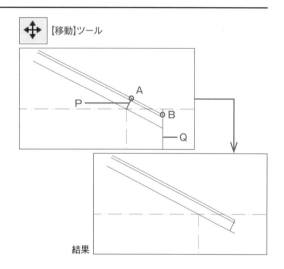

【移動】ツール

結果

010　軒先を仕上げる（3）

　先端の線を複写します。

1. 【オフセット】ツールをクリックする
2. ＜70＞を入力する
3. P線をクリックしてからP線の左側をクリックする
4. ［スペース］キーを押す（ツール終了）

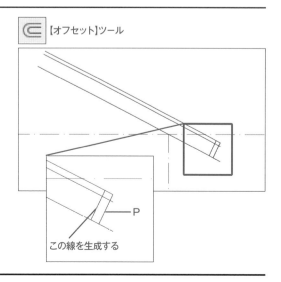

【オフセット】ツール

この線を生成する

011　軒先を仕上げる (4)

軒先の線を仕上げます。

1 【トリム】ツールをクリックする
2 ○を付けたあたりをクリックする (3ヶ所)
3 ●を付けたあたりをクリックする (1ヶ所)
4 [スペース] キーを押す (ツール終了)

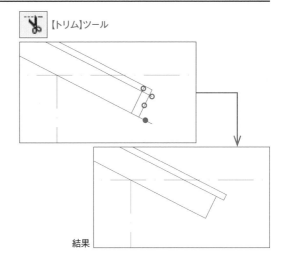

【トリム】ツール

結果

012　軒先の横線

軒先の横線を描きます。

1 【構築線】ツールをクリックする
2 <h>を入力する (水平線)
3 ●を付けた端点をクリックする (3点)
4 [スペース] キーを押す (ツール終了)

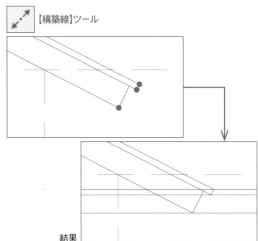
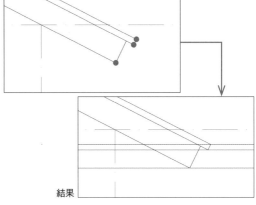

【構築線】ツール

結果

013　屋根の線を複写する (1)

屋根の線を複写します。

1 図のような範囲を表示させる
2 これまで描いた屋根の線 (水平線を除く) を窓選択する
3 【鏡像】ツールをクリックする
4 A点 (端点) をクリックしてから真下方向の任意点をクリックする
5 [スペース] キーを押す (コピー)

結果は次図を参照してください。

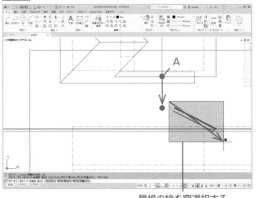

【鏡像】ツール

屋根の線を窓選択する

014　屋根の線を複写する（2）

引き続き屋根の線を複写します。

1. 前ステップでコピーした屋根の線を選択する
2. 【複写】ツールをクリックする
3. 任意の点（A点）をクリックしてから左水平方向にカーソルを動かす
4. ＜3185＞を入力する
5. ［スペース］キーを押す（ツール終了）

結果は次図を参照してください。

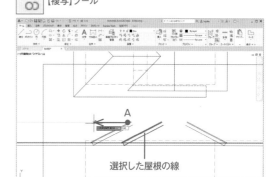

【複写】ツール

選択した屋根の線

複写中の図

015　屋根の基準線を描く

屋根を描くのに必要な縦の基準線を描きます。

1. 【線分】ツールをクリックする
2. A点（端点）から図のあたりまで垂直線を描く
3. ［スペース］キーを2回押す（終了と再開）
4. B点（端点）から図のあたりまで垂直線を描く
5. ［スペース］キーを2回押す（終了と再開）
6. C点（端点）から図のあたりまで垂直線を描く
7. ［スペース］キーを押す（ツール終了）

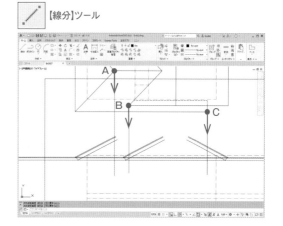

【線分】ツール

016　正面の切妻屋根を仕上げる（1）

正面の切妻屋根を仕上げます。

1. 切妻部分を拡大表示する（図参照）
2. 【フィレット】ツールをクリックする
3. ＜r＞を入力する（半径）
4. ＜0＞を入力する（半径=0mm）
5. ＜m＞を入力する（複数回）
6. A1→A2あたりをクリックする
7. B1→B2あたりをクリックする
8. C1→C2あたりをクリックする
9. ［スペース］キーを押す（ツール終了）

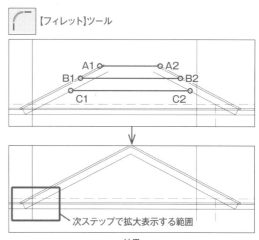

【フィレット】ツール

次ステップで拡大表示する範囲

結果

017 　正面の切妻屋根を仕上げる（2）

引き続き正面の切妻屋根を仕上げます。

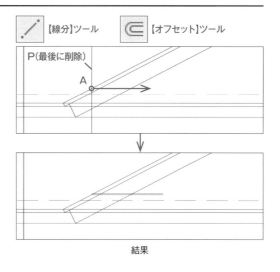

【線分】ツール　【オフセット】ツール

1️⃣ 前図に示す範囲を表示させる
2️⃣ 【線分】ツールをクリックする
3️⃣ A点（交点）から図のあたりまで水平線を描く
4️⃣ ［スペース］キーを押す（ツール終了）
5️⃣ 【オフセット】ツールをクリックする
6️⃣ ＜15＞を入力する（間隔）
7️⃣ 3️⃣で描いた水平線をクリックしてから上側をクリックする
8️⃣ ［スペース］キーを押す（ツール終了）
9️⃣ 最後にP線を削除する

P（最後に削除）
A

結果

018 　正面の切妻屋根を仕上げる（3）

引き続き正面の切妻屋根を仕上げます。

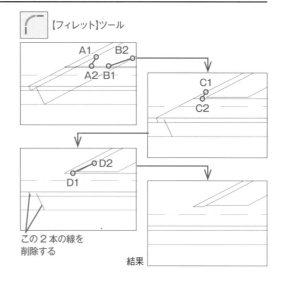

【フィレット】ツール

1️⃣ 【フィレット】ツールをクリックする
2️⃣ ＜m＞を入力する（複数回）
3️⃣ A1→A2あたりをクリックする
4️⃣ B1→B2あたりをクリックする
5️⃣ C1→C2あたりをクリックする
6️⃣ D1→D2あたりをクリックする
7️⃣ ［スペース］キーを押す（ツール終了）
8️⃣ 最後に図に示す2本の線を削除する

A1　　B2
A2　B1
C1
C2
D2
D1
この2本の線を削除する
結果

019 　寄棟屋根の右側を仕上げる（1）

寄棟屋根の右側を処理します。

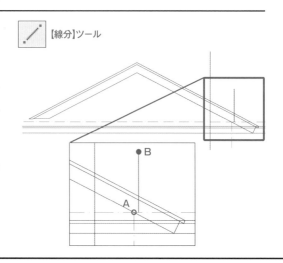

【線分】ツール

1️⃣ 切妻屋根の全体が見えるようにする
2️⃣ 【線分】ツールをクリックする
3️⃣ A点（端点）にカーソルを合わせ一呼吸待ってから右水平方向にカーソルを動かし＜75＞を入力する
　※75mmは壁厚の1/2。
4️⃣ カーソルを垂直に上方に動かしB点（任意点）あたりをクリックする
5️⃣ ［スペース］キーを押す（ツール終了）

●B
A

020　寄棟屋根の右側を仕上げる（2）

寄棟屋根の右側を処理します。

1. 【線分】ツールをクリックする
2. A点（交点）をクリックしてから左水平方向に
　カーソルを動かしB点（交点）でクリックする
3. ［スペース］キーを押す（ツール終了）

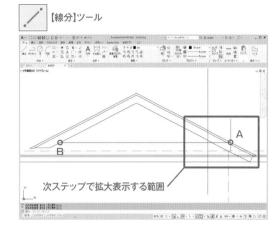

【線分】ツール

次ステップで拡大表示する範囲

021　寄棟屋根の右側を仕上げる（3）

線の不要部分を切り取ります。

1. 前図に示す範囲を表示させる
2. 【トリム】ツールをクリックする
3. ＜t＞を入力する（切り取りエッジ）
4. P線をクリックする（切り取りエッジ）
5. ［スペース］キーを押す（選択確定）
6. ○を付けたあたりをクリックする（4ヶ所）
7. ［スペース］キーを押す（ツール終了）
8. Q線を削除する

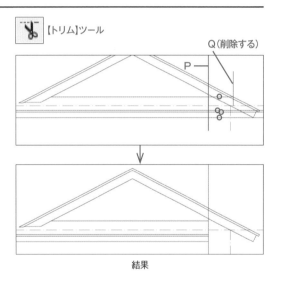

【トリム】ツール

Q（削除する）

P

結果

022　寄棟屋根の右側を仕上げる（4）

不要部分を切り取ります。

1. 【フィレット】ツールをクリックする
2. A1→A2あたりをクリックする
3. ［スペース］キーを押す（ツール再開）
4. B1→B2あたりをクリックする

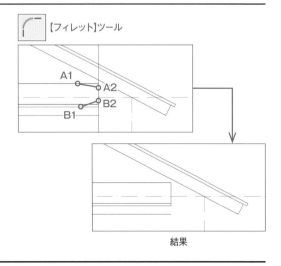

【フィレット】ツール

A1
A2
B2
B1

結果

023　寄棟屋根の右側を仕上げる (5)

線を加えます。

1. P線をクリックして選択する
2. P線の端点のグリップをクリックして選択してから左水平方向にカーソルを動かす
3. <30>を入力する
4. 【線分】ツールをクリックする
5. 図に示す線 (垂直線) を描く

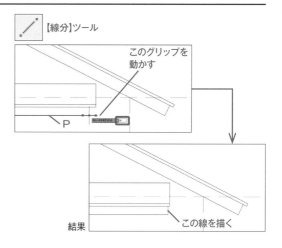

【線分】ツール

このグリップを
動かす

P

結果　　この線を描く

024　寄棟屋根の左側を仕上げる (1)

寄棟屋根の左側を仕上げます。

1. 図のような範囲を表示させる
2. 【線分】ツールをクリックする
3. A点 (交点) をクリックしてから右水平方向にカーソルを動かしB点 (交点) をクリックする
4. [スペース] キーを押す (ツール終了)
5. ×を付けた線を削除する (3本)

結果は次図を参照してください。

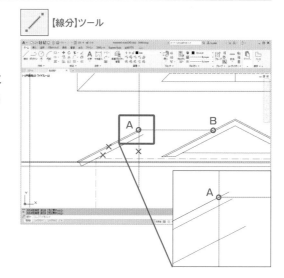

【線分】ツール

A　　B

A

025　寄棟屋根の左側を仕上げる (2)

引き続き寄棟屋根の左側を仕上げます。

1. 【画層】で「Frame」画層をフリーズする
2. 【トリム】ツールをクリックする
3. ○を付けたあたりをクリックする (5カ所)
4. [スペース] キーを押す (ツール終了)
5. 【画層】で「Frame」画層をフリーズ解除する

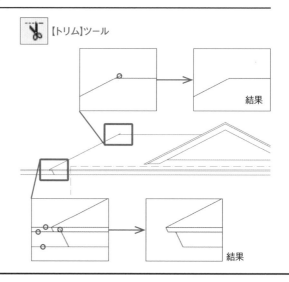

【トリム】ツール

結果

結果

026　寄棟屋根の左側を仕上げる（3）

寄棟屋根が完成したので確認します。

1 図のような範囲を表示させて寄棟屋根を確認する

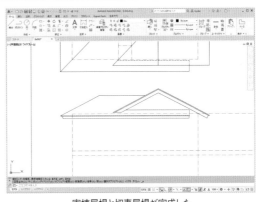

寄棟屋根と切妻屋根が完成した

027　葺き下ろし屋根を仕上げる（1）

屋根の最後は葺き下ろし屋根です。

【線分】ツール

1 図のような範囲を表示させる
2 【線分】ツールをクリックする
3 A点（端点）をクリックしてから真下方向にカーソルを動かしB点（任意点・図参照）をクリックする
4 ［スペース］キーを押す（ツール終了）

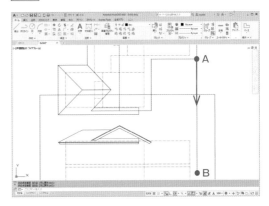

028　葺き下ろし屋根を仕上げる（2）

屋根の線を延長します。

【延長】ツール

1 図のような範囲を表示させる
2 【画層】で「C_Line」画層をフリーズする
3 【延長】ツールをクリックする
4 ○を付けたあたりをクリックする（3カ所）
　※交差フェンスで3本の線を指定しても結果は同じです。

結果は次図を参照してください。

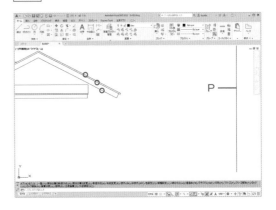

029　葺き下ろし屋根を仕上げる (3)

屋根の先端部を複写します。

1️⃣ 図のように先端の2本の線を窓選択する
2️⃣ 【複写】ツールをクリックする
3️⃣ A点 (端点)→B点 (端点) をクリックする
4️⃣ [スペース] キーを押す (ツール終了)
5️⃣ P線を削除する

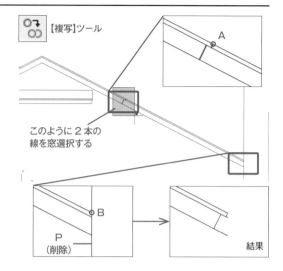

【複写】ツール

このように2本の
線を窓選択する

P
(削除)

結果

030　葺き下ろし屋根を仕上げる (4)

葺き下ろし屋根の先端部を仕上げます。

1️⃣ 葺き下ろし屋根の先端部を拡大表示する
2️⃣ 【トリム】ツールをクリックする
3️⃣ ○を付けたあたりをクリックする (2ヶ所)
4️⃣ [スペース] キーを押す (ツール終了)

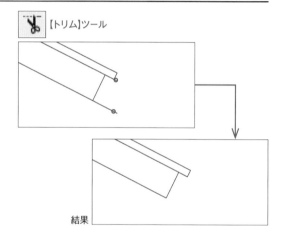

【トリム】ツール

結果

031　アタッチを解除する

屋根が完成したのでアタッチを解除します。

1️⃣ 【外部参照パレット】ツールをクリックする
2️⃣ [外部参照] パレットで [Plan_2F] をクリックして選択する
3️⃣ 右クリックしてメニューを出し【アタッチ解除】をクリックする
4️⃣ パレットを閉じる

【外部参照パレット】ツール

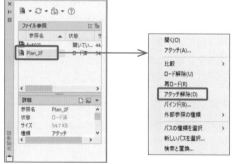

032 ファイルを保存する

　以上で屋根が完成したので確認してから
ファイルを保存します。

1 【画層】で「C_Line」画層をフリーズ解除する
2 【オブジェクト範囲ズーム】ツールをクリッ
　クする
3 屋根を確認する
4 【名前を付けて保存】ツールをクリックする
5 適当なファイル名、たとえば「my_Ex502.
　dwg」といった名前を付けて保存する

　次の項目で使うデータファイルを用意してい
るのでAutoCADを終了してもかまいません。

【オブジェクト範囲ズーム】ツール

【名前を付けて保存】ツール

屋根が完成した

5.4 壁とバルコニーを描く

Ex503.dwg

建具（たてぐ：窓やドア）以外の要素を描きます。その要素とは壁とバルコニー、基礎の線などです。

壁とバルコニーの完成図

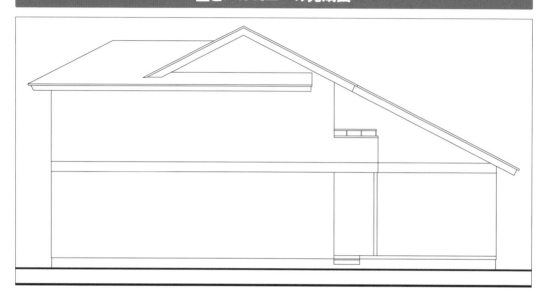

製図のPOINT ≫ 壁とバルコニーを描く

① 壁の線は通り芯線から生成します。

② 建具以外の図形は「Elev」画層に描きます。画層の設定は色：white（黒）、線種：Continuous（実線）、線の太さ：0.18mmです。

使用するツール

本節で用いるツールの名前と場所をここでまとめて示します。

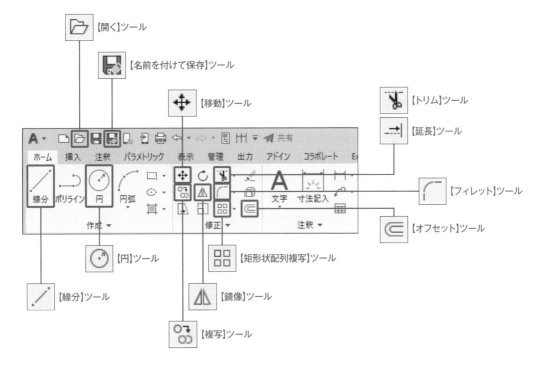

【開く】ツール
【名前を付けて保存】ツール
【移動】ツール
【トリム】ツール
【延長】ツール
【フィレット】ツール
【オフセット】ツール
【円】ツール
【矩形状配列複写】ツール
【線分】ツール
【鏡像】ツール
【複写】ツール

001　　練習用ファイルを開く

練習用ファイルを開きます。

1 クイックアクセスツールバーの【開く】ツールをクリックする

2 練習用データ「Ex503.dwg」を開く

【開く】ツール

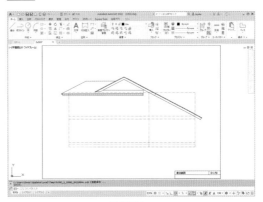
Ex503.dwg

002 壁の線を生成する(1)

通り芯線から壁の線を生成します。

■【オフセット】ツール

「Elev」画層が現在画層

1. 「Elev」画層が現在画層になっているのを確認する
2. 【オフセット】ツールをクリックする
3. <l>(エル)を入力する(画層)
4. <c>を入力する(現在画層)
5. <75>を入力する
   ※壁厚が150mmなので通り芯線から75mmが壁の線。
6. P線をクリックし、矢印の側をクリックする
7. Q線をクリックし、矢印の側をクリックする
8. R線をクリックし、矢印の側をクリックする
9. [スペース]キーを押す(ツール終了)

003 壁の線を生成する(2)

前ステップの結果です。

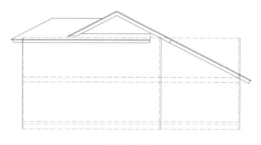

壁の線を生成した

004 高さ基準線を画層移動

高さ基準線のうち立面図で使用する線を「Elev」画層に移動します。

1. 図のように高さ基準線のうち4本を選択する
   ※選択しないのは「1FL」と「2階軒高」の2本。
2. 【画層】をクリックしてリストを出し「Elev」画層をクリックする
3. [Esc]キーを押す(選択解除)

結果は次図を参照してください。

One Point

画層移動は[プロパティ]パレットでもできます。[プロパティ]パレットを呼び出すときは[Ctrl]+[1]キーを押すのが簡単です。

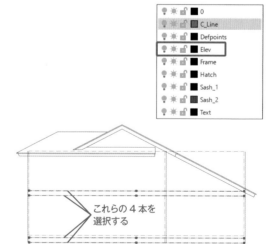

これらの4本を選択する

高さ基準線のうち4本を選択したところ

005　線の端部を処理する（1）

　立面図の要素が増えてきましたが、線と線が離れているところがあるのでここで処理します。

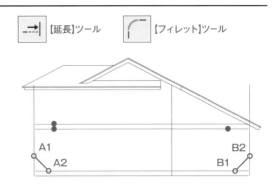

1 「C_Line」画層をフリーズする
2 【延長】ツールをクリックする
3 ●を付けたあたりをクリックする（3ヶ所）
4 ［スペース］キーを押す（ツール終了）
5 【フィレット】ツールをクリックする
6 A1→A2あたりをクリックする
7 ［スペース］キーを押す（ツール再開）
8 B1→B2あたりをクリックする

　結果は次図を参照してください。

006　線の端部を処理する（2）

　線の処理を続けます。

1 【トリム】ツールをクリックする
2 ＜t＞を入力する（切り取りエッジ）
3 P線とQ線をクリックする（切り取りエッジ）
4 ［スペース］キーを押す（選択確定）
5 ○を付けたあたりをクリックする（4ヶ所）
6 ［スペース］キーを押す（ツール終了）

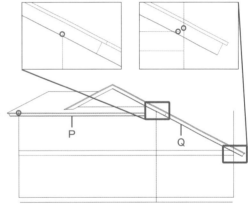

One Point

小さすぎてクリックしにくい場合はマウスのホイールで拡大表示するとクリックしやすくなります。またホイールを押したままマウスを動かせばスクロールできますし、ホイールをダブルクリックすると【オブジェクト範囲ズーム】ツールと同じ結果を得られます。

007　線の端部を処理する（3）

　前ステップの結果です。

前ステップの結果

008　GLを引き伸ばす

GL（地盤線）を引き伸ばします。

1 【オブジェクト範囲ズーム】ツールをクリックする

2 GL線をクリックして選択する

3 [Ctrl] + [1] キーを押して「プロパティ」パレットを表示させる

4 [始点X] の2800を**800**に書き換える

5 [終点X] の16450を**18450**に書き換える

※以上で始点が左に2000mm移動し、終点が右に2000mm移動し、長さが4000mm長くなります。

6 [Esc] キーを押して選択解除する

7 パレットを閉じる

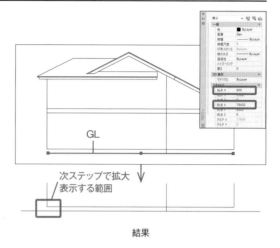

次ステップで拡大表示する範囲

結果

009　基礎の縦線を描く（1）

基礎の縦線を描きます。

1 前図に示す範囲を表示させる

2 【線分】ツールをクリックする

3 A点（端点）をクリックしてから真下の交点（B点）をクリックする

4 いま描いた線をクリックして選択する

5 中央のグリップをクリックしてから右水平方向にカーソルを動かす

6 <15>を入力する

7 [Esc] キーを押して選択解除する

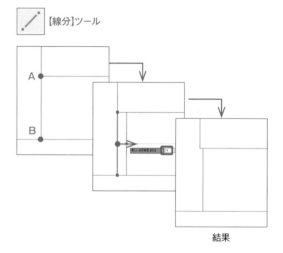

【線分】ツール

結果

010　基礎の縦線を描く（2）

右端の基礎の縦線を生成します。

1 建物全体が見えるようにする

2 前ステップで描いた線（P）を選択する

3 【鏡像】ツールをクリックする

4 A点（中点）をクリックしてから真上方向の任意点（B点）をクリックする

5 [スペース] キーを押す（コピー）

【鏡像】ツール

ここにコピー

011　デッキを描く

デッキを描きます。

1. 建物の右部分を拡大表示する
2. 【線分】ツールをクリックする
3. A点（交点）にカーソルを合わせ一呼吸待ってから真上方向にカーソルを動かす
   ※A点ではクリックしない。
4. ＜100＞を入力してB点を確定
5. B点から右水平方向の交点（C点）でクリックする
6. ［スペース］キーを押す（ツール終了）

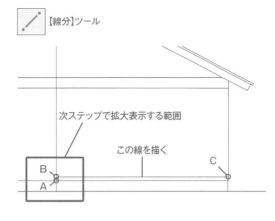

【線分】ツール

次ステップで拡大表示する範囲

この線を描く

012　階段を描く（1）

デッキの階段を描きます。

1. 前図に示す範囲を表示させる
2. 【線分】ツールをクリックする
3. A点（交点）にカーソルを合わせ一呼吸待ってから右水平方向にカーソルを動かす
4. ＜800＞を入力してB点を確定する
5. B点から真下方向にカーソルを動かす
6. ＜267＞を入力してC点を確定する
   ※デッキの高さが400。400÷3×2=267。
7. C点の左水平方向の交点（D点）でクリックする
8. ［スペース］キーを押す（ツール終了）

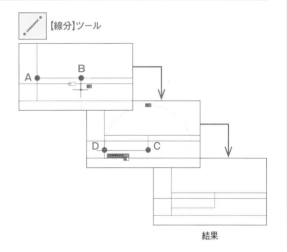

【線分】ツール

結果

013　階段を描く（2）

デッキの階段を描きます。

1. 【フィレット】ツールをクリックする
2. A1→A2あたりをクリックする
3. 【オフセット】ツールをクリックする
4. ＜133＞を入力する
5. P線をクリックしてからP線の上側をクリックする
6. ［スペース］キーを押す（ツール終了）

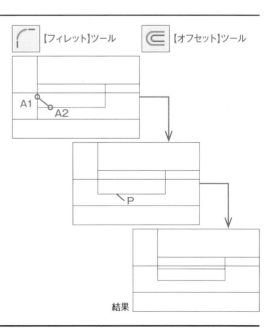

【フィレット】ツール　　【オフセット】ツール

結果

014　バルコニーを描く（1）

バルコニーを描きます。

1　図のような範囲を表示させる
2　【線分】ツールをクリックする
3　A点（交点）にカーソルを合わせ一呼吸待っ
　　てから真上方向にカーソルを動かす
4　＜800＞を入力してB点を確定する
5　B点から右水平方向にカーソルを動かす
6　＜1365＞を入力してC点を確定する
7　C点の真下方向の交点（D点）でクリックする
8　［スペース］キーを押す（ツール終了）

【線分】ツール

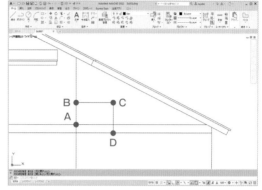

線を描いたあとの図

015　バルコニーを描く（2）

引き続きバルコニーを描きます。

1　【オフセット】ツールをクリックする
2　＜50＞を入力する
3　P線をクリックしてからP線の下側をクリッ
　　クする
4　【トリム】ツールをクリックする
5　●を付けたあたりをクリックする（2ヶ所）
6　［スペース］キーを押す（ツール終了）

【オフセット】ツール　　【トリム】ツール

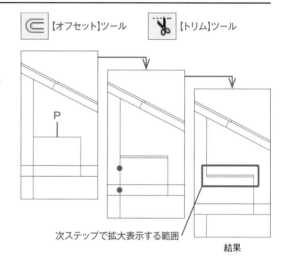

次ステップで拡大表示する範囲

結果

016　バルコニーの手すりを描く（1）

バルコニーの手すりを描きます。

1　前図に示す範囲を表示させる
2　P線を選択する
3　【複写】ツールをクリックする
4　任意の点をクリックしてから真上方向に
　　カーソルを動かす
5　＜160＞を入力する
6　＜200＞を入力する
7　［スペース］キーを押す（ツール終了）

【複写】ツール

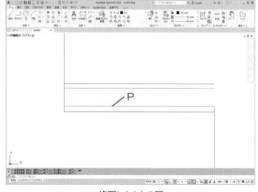

複写したあとの図

017　バルコニーの手すりを描く（2）

引き続きバルコニーの手すりを描きます。

1. 【円】ツールをクリックする
2. ＜2p＞を入力する（2点円）
3. A点（端点）とB点（端点）をクリックする
4. いま描いた円をクリックして選択する
5. 【移動】ツールをクリックする
6. 任意点をクリックしてから左水平方向にカーソルを動かす
7. ＜75＞を入力する

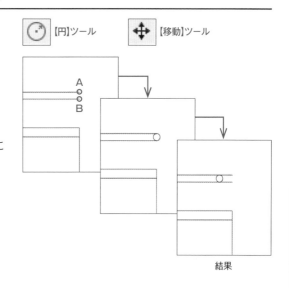

【円】ツール　　【移動】ツール

結果

018　バルコニーの手すりを描く（3）

不要部分を切り取ります。

1. 【トリム】ツールをクリックする
2. ●を付けたあたりをクリックする（3ヶ所）
3. ［スペース］キーを押す（ツール終了）

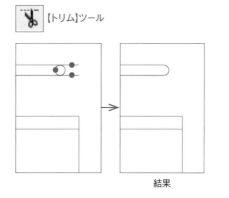

【トリム】ツール

結果

019　手すり子を描く（1）

手すり子（てすりこ）を描きます。

1. 【線分】ツールをクリックする
2. A点（端点）をクリックしてから真下方向の交点をクリックしてP線を描く
3. 【オフセット】ツールをクリックする
4. ＜10＞を入力する
5. P線をクリックしてからP線の左側をクリックする
6. P線をクリックしてからP線の右側をクリックする
7. ［スペース］キーを押す（ツール終了）
8. P線を削除する

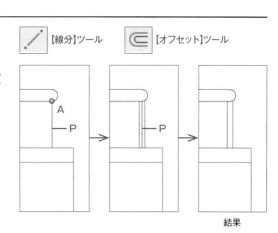

【線分】ツール　　【オフセット】ツール

結果

020　手すり子を描く(2)

手すり子の線を細くします。

1. 手すり子の2本の線を選択する
2. [線の太さ]をクリックし、線の太さのリストで「0.09mm」をクリックする
3. [Esc]キーを押して選択を解除する

One Point

線の太さを変えても画面に変化はありません。線の太さは印刷するか[レイアウト]タブで確認できます(213～214ページ)。

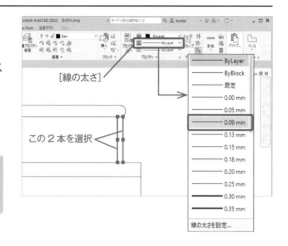

021　手すり子を描く(3)

手すり子を複写します。

1. 手すり子の2本の線を選択する
2. 【複写】ツールをクリックする
3. 任意の点(A点)をクリックしてから左水平方向にカーソルを動かす
4. <455>を入力する
5. <910>を入力する
6. [スペース]キーを押す(ツール終了)

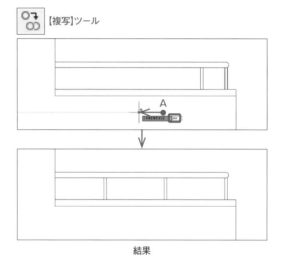

【複写】ツール

結果

022　手すり子を描く(4)

右端の手すり子の線の上端に隙間があるので修正します。

1. 【延長】ツールをクリックする
2. ●を付けたあたりをクリックする(1ヶ所)
3. [スペース]キーを押す(ツール終了)

One Point

細かいことですが中間の手すり子の頂部は図のような形になりますが縮尺が1/50程度なら、ここまで描く必要はありません。

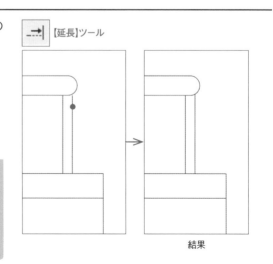

【延長】ツール

結果

023　バルコニーの柱を描く（1）

本節の最後はバルコニーの柱です。

1. バルコニーとデッキの両方が見えるようにする
2. 【線分】ツールをクリックする
3. A点（端点）にカーソルを合わせ一呼吸待ってから左水平方向にカーソルを動かす
4. ＜25＞を入力して1点目を確定する
5. 真下方向の交点（2点目）をクリックする

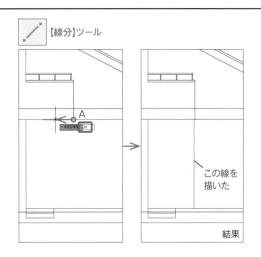

【線分】ツール

この線を描いた

結果

024　バルコニーの柱を描く（2）

バルコニーの柱を仕上げます。

1. 【オフセット】ツールをクリックする
2. ＜100＞を入力する
3. P線をクリックしてからP線の左側をクリックする
4. ［スペース］キーを押す（ツール終了）

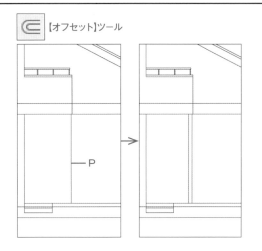

【オフセット】ツール

P

025　GL線を強調する

　GL線を強調すると安定した印象を見る人に与えます。強調するといっても単に線を太くすると高さが変わってしまうのでGL線を下方に配列複写します。

1. 建物の全体が見えるようにする
2. GL線をクリックして選択する
3. 【矩形状配列複写】ツールをクリックする
4. リボンが［配列複写作成］に変わるので［列］=＜1＞、［行］=＜6＞、間隔=＜－8＞を入力する
5. ［スペース］キーを押す（ツール終了）

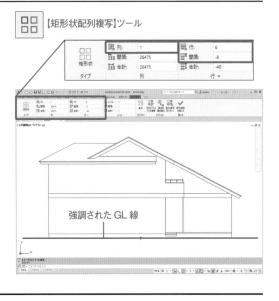

【矩形状配列複写】ツール

強調された GL 線

026　ファイルを保存する

　以上で建具以外の立面図が完成したので
ファイルを保存します。

1 【オブジェクト範囲ズーム】ツールをクリッ
　クする
2 【名前を付けて保存】ツールをクリックする
3 適当なファイル名、たとえば「my_Ex503.
　dwg」といった名前を付けて保存する

　なお次の項目で使うデータファイルを用意し
ているのでAutoCADを終了してもかまいませ
ん。

【オブジェクト範囲ズーム】ツール

【名前を付けて保存】ツール

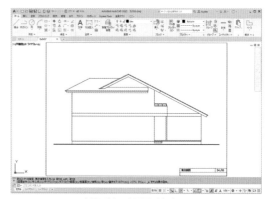

建具以外の立面図が完成した

5.5 建具を描き、立面図を仕上げる

Ex504.dwg、Plan_1F.dwg

立面図の最後に建具を描きます。南立面図に現れる建具は両袖片引き窓と片袖片引き窓の2種類です。最後に屋根とガラスにハッチングを施して立面図を仕上げます。

立面図の完成図

製図のPOINT 》 建具を描き、立面図を仕上げる

① 建具の立面を直線で描くととても面倒です。建具の形をよく観察するとたいていの建具は長方形で構成されていることに気がつき、長方形を使えば簡単に描けることが想像できます。そこで長方形を多用した方法をここで紹介しますのでぜひマスターしてください。

使用するツール

本節で用いるツールの名前と場所をここでまとめて示します。

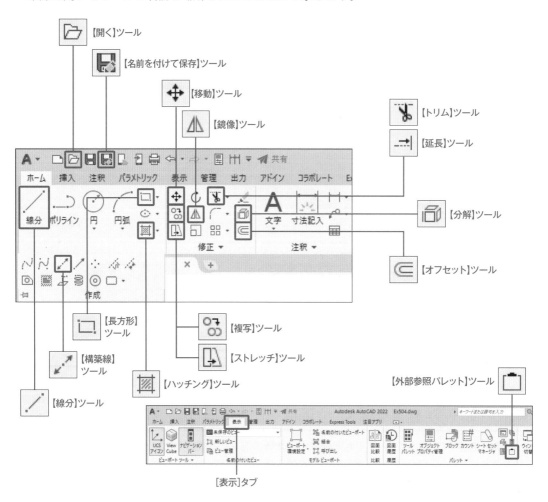

【開く】ツール
【名前を付けて保存】ツール
【移動】ツール
【鏡像】ツール
【トリム】ツール
【延長】ツール
【分解】ツール
【オフセット】ツール
【長方形】ツール
【複写】ツール
【構築線】ツール
【ストレッチ】ツール
【ハッチング】ツール
【外部参照パレット】ツール
【線分】ツール

[表示]タブ

001　練習用ファイルを開く

練習用ファイルを開きます。

1　クイックアクセスツールバーの【開く】ツールをクリックする

2　練習用データ「Ex504.dwg」を開く

【開く】ツール

Ex504.dwg

002 準備（1）

これからの操作のため画層を設定します。

1 【画層】で「C_Line」画層をフリーズ解除し、「Sash_1」画層を現在画層にする

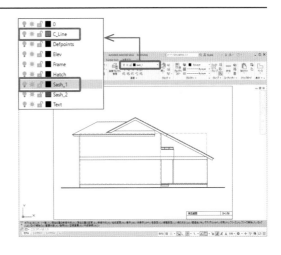

003 準備（2）

最初に1階平面図をアタッチします。

1 【外部参照パレット】ツールをクリックする

2 ［外部参照］パレットで［DWGをアタッチ］をクリックする

3 練習用データ「Plan_1F.dwg」を開く

4 ダイアログで［挿入位置］の［Y:］に<**10000**>を入力する

5 パレットを閉じる

結果は次図を参照してください。

【外部参照パレット】ツール

[DWG をアタッチ]

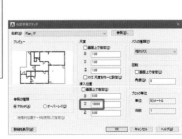

004 1階平面図の画層設定

建具の位置は1階平面図を参照します。この操作のために画層を設定します。

1 【画層】で「Plan_1F|1F_C_Line」画層と「Plan_1F|1F_Finish」画層をフリーズする

次ステップで拡大表示する範囲

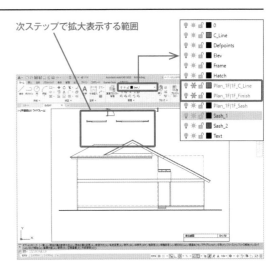

005 参照線を描く（1）

建具位置の参照線を描きます。

1. 前図に示す範囲を表示させる
2. 【構築線】ツールをクリックする
3. ＜v＞を入力する
4. A点（端点）～F点（端点）をクリックする
   ※A点とD点～F点はサッシの外側の点です。
5. 同じようにリビング・ダイニングのサッシ（次図参照）の両端をクリックする
6. ［スペース］キーを押す（ツール終了）

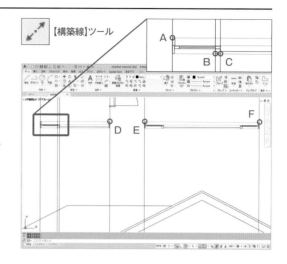

【構築線】ツール

006 参照線を描く（2）

前ステップの結果です。

リビング・ダイニングのサッシ

次ステップで拡大表示する範囲

007 片袖片引き窓を描く（1）

最初は片袖片引き窓です。

1. 前図に示す範囲を表示させる
2. P線（高さ基準線の1FL）を選択する
3. 【複写】ツールをクリックする
4. 任意の点（A点）をクリックしてから真上方向にカーソルを動かす
5. ＜700＞を入力する
6. ＜2100＞を入力する
7. ［スペース］キーを押す（ツール終了）

結果は次図を参照してください。

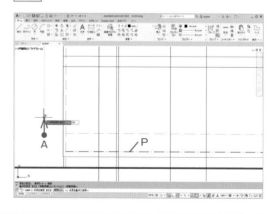

【複写】ツール

008 片袖片引き窓を描く(2)

引き続き片袖片引き窓を描きます。

1️⃣ 【長方形】ツールをクリックする
2️⃣ A点（交点）→B点（交点）をクリックする
3️⃣ ×を付けた線を削除する（4本）

結果は次図を参照してください。

【長方形】ツール

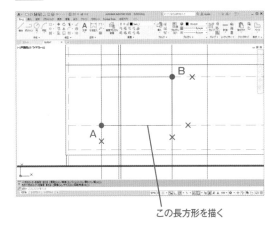

この長方形を描く

009 片袖片引き窓を描く(3)

引き続き片袖片引き窓を描きます。

1️⃣ 【画層】で「C_Line」画層をフリーズし、「Sash_2」画層を現在画層にする
2️⃣ 【オフセット】ツールをクリックする
3️⃣ ＜l＞（エル）を入力する（画層）
4️⃣ ＜c＞を入力する（現在画層）
5️⃣ ＜25＞を入力する
6️⃣ 前ステップで描いた長方形（P）をクリックしてから長方形の内側をクリックする
7️⃣ ［スペース］キーを押す（ツール終了）

【オフセット】ツール

010 片袖片引き窓を描く(4)

引き続き片袖片引き窓を描きます。

1️⃣ 【長方形】ツールをクリックする
2️⃣ A点（端点）→B点（交点）をクリックする
3️⃣ ×を付けた線を削除する（2本）

結果は次図を参照してください。

【長方形】ツール

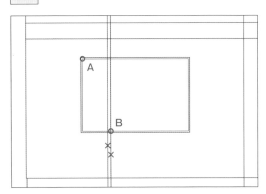

011   片袖片引き窓を描く(5)

片袖片引き窓の障子を描きます。

【オフセット】ツール

1. 【オフセット】ツールをクリックする
2. <60>を入力する
3. 前ステップで描いた長方形(P)をクリックしてから長方形(P)の内側をクリックする
4. [スペース]キーを押す(ツール終了)

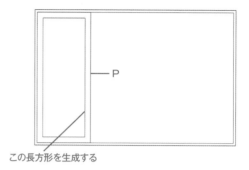

この長方形を生成する

012   片袖片引き窓を描く(6)

片袖片引き窓を仕上げます。

1. 前ステップで生成した長方形(Q)を選択する
2. 【分解】ツールをクリックする
3. 【延長】ツールをクリックする
4. ●を付けたあたりをクリックする(2ヶ所)
5. [スペース]キーを押す(ツール終了)

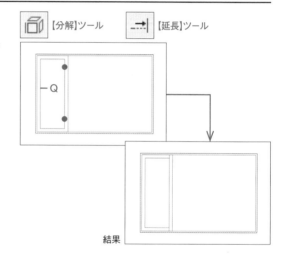
【分解】ツール　【延長】ツール

結果

013   両袖片引き窓を描く(1)

片袖片引き窓から両袖片引き窓を作ります。

1. 図のような範囲が見えるようにする
2. 片袖片引き窓の全体を選択する
3. 【複写】ツールをクリックする
4. A点(窓の左上の端点)をクリックしてから右水平方向にカーソルを動かしB点(交点)をクリックする
5. [スペース]キーを押す(ツール終了)

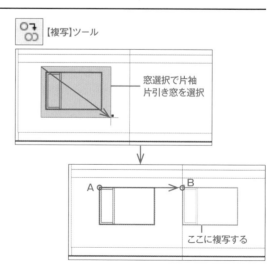
【複写】ツール

窓選択で片袖片引き窓を選択

ここに複写する

014　両袖片引き窓を描く(2)

幅を広げます。

1. 【ストレッチ】ツールをクリックする
2. 図のように変形部分を交差選択で選択する
3. [スペース] キーを押す(選択確定)
4. A点(窓の右下の端点)をクリックしてから右
水平方向のB点(交点)をクリックする

結果は次図を参照してください。

【ストレッチ】ツール

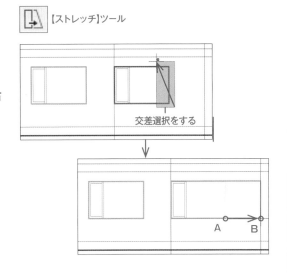

交差選択をする

A　B

015　両袖片引き窓を描く(3)

袖部分をミラーコピー(鏡像複写)します。

1. 図のように袖部分を窓選択する
2. 【鏡像】ツールをクリックする
3. A点(中点)をクリックしてから真下方向の任
意点(B点)をクリックする
※A点付近に中点が2つある。どちらをクリックして
もOK。
4. [スペース] キーを押す(コピー)

【鏡像】ツール

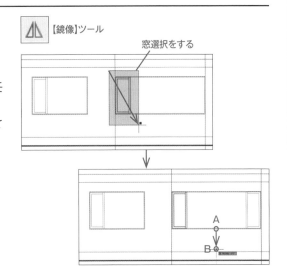

窓選択をする

A

B

016　両袖片引き窓を描く(4)

前ステップの結果です。

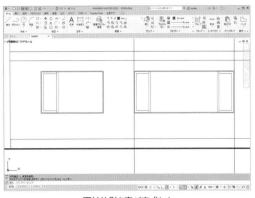

両袖片引き窓が完成した

017　両袖片引き窓を複写する

　両袖片引き窓をリビング・ダイニングに複写します。

1. 図のような範囲を表示させる
2. 両袖片引き窓の全体を選択する
3. 【複写】ツールをクリックする
4. A点（交点）→B点（交点）をクリックする
5. ［スペース］キーを押す（ツール終了）

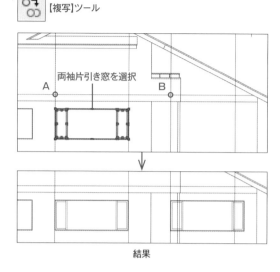

【複写】ツール

両袖片引き窓を選択

結果

018　複写した窓の幅を変える

　複写した両袖片引き窓の幅を変えます。

1. 【ストレッチ】ツールをクリックする
2. 図のように変形部分を交差選択で選択する
3. ［スペース］キーを押す（選択確定）
4. 任意点（A点）をクリックしてから左水平方向にカーソルを動かす
5. ＜455＞を入力する

　結果は次図を参照してください。

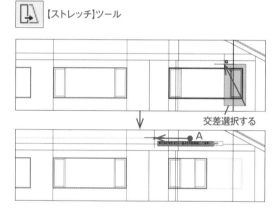

【ストレッチ】ツール

交差選択する

019　不要部を切り取る

　柱と重なった両袖片引き窓の線を切り取ります。

1. 【トリム】ツールをクリックする
2. A点（任意点）→B点（任意点）あたりをクリックする（交差フェンス）
3. ［スペース］キーを押す（ツール終了）

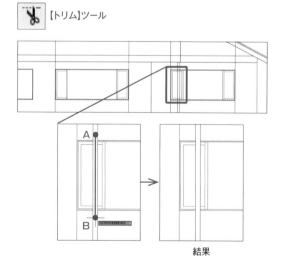

【トリム】ツール

結果

020 2階に複写する

1階の建具（窓）を2階に複写します。

1. 建物全体が見えるようにする
2. 図に示す2つの窓を選択する
3. 【複写】ツールをクリックする
4. 任意の点（A点）をクリックしてから真上方向にカーソルを動かす
5. ＜2750＞を入力する
   ※「2750」は階高（かいだか。1FLから2FLまでの高さ）
6. ［スペース］キーを押す（ツール終了）
7. 最後に×を付けた線を削除する（4本）

結果は次図を参照してください。

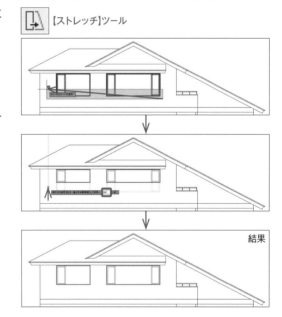

【複写】ツール

この2つの窓を選択する

021 2階の窓の高さを変える

2階の窓の高さを1,400mmから1,200mmに変えます。

1. 【ストレッチ】ツールをクリックする
2. 図のように2階の窓の下部を交差選択する
3. ［スペース］キーを押す（選択確定）
4. 任意点をクリックしてから真上方向にカーソルを動かす
5. ＜200＞を入力する

【ストレッチ】ツール

結果

022 アタッチを解除する

このあと最後の仕上げをします。その前にアタッチを解除しておきます。

1. 【外部参照パレット】ツールをクリックする
2. ［外部参照］パレットで［Plan_1F］をクリックして選択する
3. 右クリックしてメニューを出し【アタッチ解除】をクリックする
4. パレットを閉じる

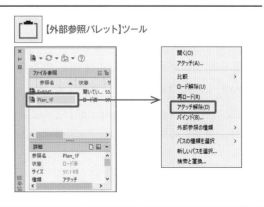

【外部参照パレット】ツール

023　屋根にハッチングを施す

屋根に水平線のハッチングを施します。

1. 「Hatch」画層を現在画層にする
2. 【ハッチング】ツールをクリックする
3. リボンが［ハッチング作成］タブに変わるので［パターン］パネルで「ANSI31」を選択する
4. 角度に＜135＞、尺度に＜12.6＞を入力する
   ※角度に＜-45＞を入力しても結果は同じです。
5. ［点をクリック］をクリックする
6. 屋根の内側の任意の位置をクリックする（1ヶ所）
7. ［スペース］キーを押す（ツール終了）

結果は次図を参照してください。

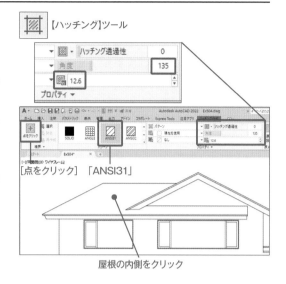

【ハッチング】ツール

［点をクリック］　「ANSI31」

屋根の内側をクリック

024　ガラスを塗りつぶす

窓のガラスをグレー色で塗りつぶします。

1. 【ハッチング】ツールをクリックする
2. ［ハッチング作成］タブの［パターン］パネルで「SOLID」を選択する
3. ［ハッチングの色］で図に示す色を選択する
4. ●を付けたあたりをクリックする（14ヶ所）
   ※前ステップで［点をクリック］モードになっています。
5. ［スペース］キーを押す（ツール終了）

結果は次図を参照してください。

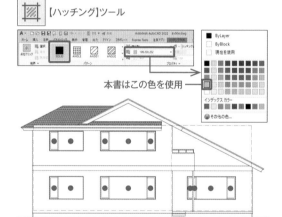

【ハッチング】ツール

本書はこの色を使用

025　ファイルを保存する

以上で立面図が完成したのでファイルを保存します。

1. 【オブジェクト範囲ズーム】ツールをクリックする
2. 【名前を付けて保存】ツールをクリックする
3. 適当なファイル名、たとえば「my_Ex504.dwg」といった名前を付けて保存する

完成データの「Ex505E.dwg」が「AC2022_Data」フォルダの中の「Ch_5」フォルダにあります。

【オブジェクト範囲ズーム】ツール

【名前を付けて保存】ツール

立面図が完成した

6

断面図の作成

ここまで平面図と立面図を作成しました。これに断面図あるいは矩計図（かなばかりず）があると戸建て住宅の基本的な図面が揃います。そこでこれから断面図を作成します。

6.1 断面図の作成にあたって

本章では第4章で平面図を描いた住宅の断面図を描きます。断面図の切断位置を平面図で示します。

製図のPOINT ≫ **断面図を描く**

① 断面図はその建物の特徴がよく現れている部分を選んで描きます。課題の住宅ではリビング・ダイニングに特徴があるのでその空間が分かるような切断位置を選んでいます。

② 断面図は切断位置の断面線と奥に見える部分の両方を描くことがありますが、本書では奥に見える部分は展開図で表現するものとして断面線のみ描きます。ただし階段は分かりやすくするために奥の線も描きます。

③ 断面図も立面図と同じように屋根から描きます。

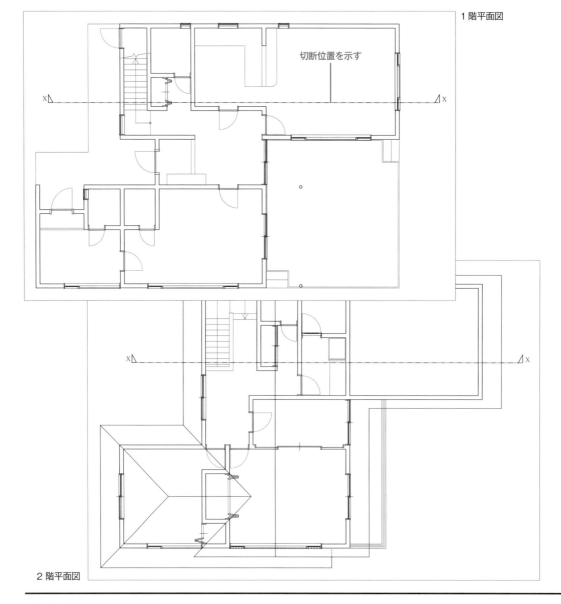

1階平面図

切断位置を示す

2階平面図

本章で作図する断面図

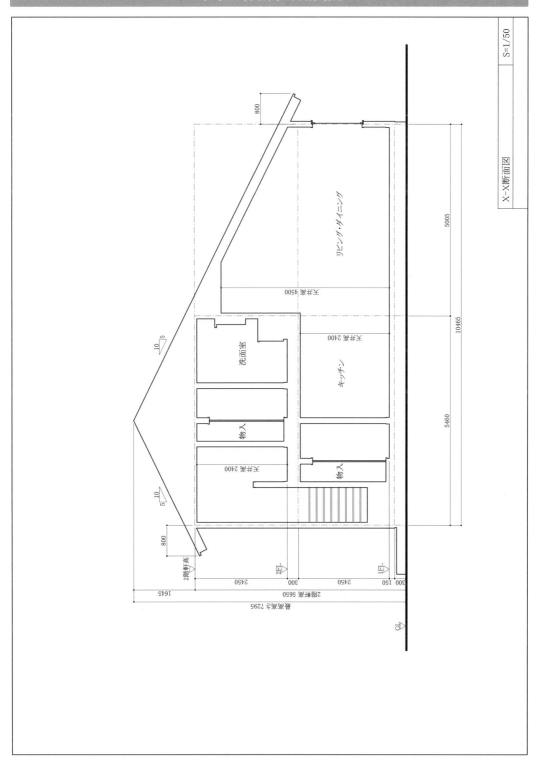

S=1/50

X-X断面図

CHAPTER

6

断面図の作成

(図中の主な記載事項)

リビング・ダイニング

天井高 4500

洗面室

キッチン

天井高 2400

物入

天井高 2400

物入

800

10/5

10/5

800

5005

10465

5460

2階軒高

2FL

2FL

1FL

2450

300

2450

150

300

GL

1645

2階軒高 5650

最高高さ 7295

6.2 基準線を描く

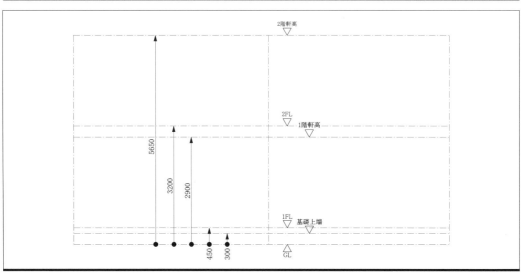（右上）Ex601.dwg、Plan_2F.dwg

立面図と同じように断面図を描くときの基準になる線を描きます。基準には高さの基準線と縦方向の通り芯線の2種類あります。通り芯線は平面図を参照して描きます。

基準線の完成図

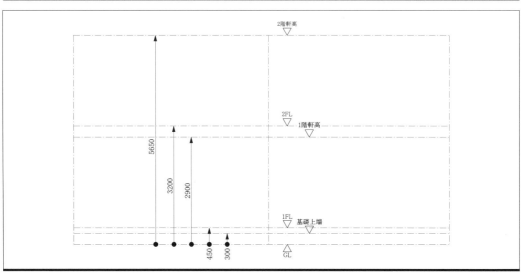

2階軒高
2FL
1階軒高
1FL 基礎上端
GL

5650
3200
2900
450
300

※参考のために文字などを加筆しています

2FL=2階床高
1FL=1階床高
GL=地盤面（地面）

製図のPOINT ▶ 基準線を描く

① 高さの基準線は図面を見ながら数値を入力して描きますが、通り芯線は平面図から写します。

② 基準線は「C_Line」画層に描きます。画層の設定は色：red（赤）、線種：ACAD_ISO10W100、線の太さ：0.09mmです。

使用するツール

基準線を描くのに用いるツールの名前と場所をここでまとめて示します。

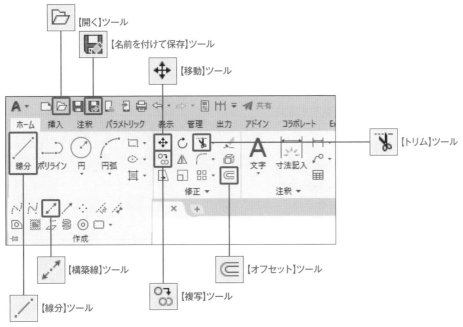

- 【開く】ツール
- 【名前を付けて保存】ツール
- 【移動】ツール
- 【トリム】ツール
- 【構築線】ツール
- 【複写】ツール
- 【オフセット】ツール
- 【線分】ツール

[表示]タブ

【外部参照パレット】ツール

---

001 練習用ファイルを開く

各種の設定を済ませた練習用ファイルを開きます。

 【開く】ツール

1. クイックアクセスツールバーの【開く】ツールをクリックする
2. 練習用データ「Ex601.dwg」を開く

One Point

「Ex601.dwg」は「A3判用紙・縮尺＝1/50」に設定し、本章で使用する画層の設定済みファイルです。

Ex601.dwg

002　準備

最初に画層と作図補助機能の確認をします。

1. 「C_Line」画層が現在画層になっているのを確認する
2. ステータスバーの【ダイナミック入力】、【極トラッキング】、【オブジェクトスナップトラッキング】、【オブジェクトスナップ】がオンになっているのを確認する
3. 【極トラッキング】を右クリックして「15、30、45、60」がオンになっているのを確認する
4. 【オブジェクトスナップ】を右クリックして「端点」、「中点」、「点」、「交点」、「挿入基点」の5点だけがオンになっているのを確認する

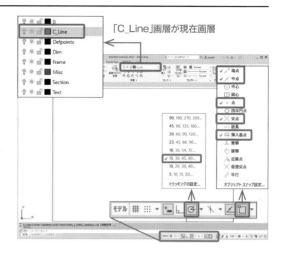

「C_Line」画層が現在画層

003　高さ基準線の準備

最初に高さ基準線のレイアウト用の線を描きます。

1. 【線分】ツールをクリックする
2. A点（中点）→B点（中点）をクリックする
3. ［スペース］キーを押す（ツール終了）

【線分】ツール

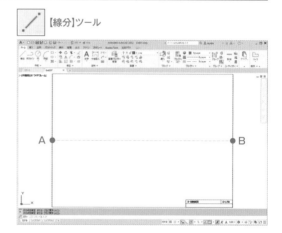

004　高さ基準線を描く（1）

180ページの図で2階軒高の高さがGL（地面の線）から5,650mmと分かります。この高さを元にGLと2階軒高の線を生成します。

1. 【オフセット】ツールをクリックする
2. ＜5650/2＞を入力する
3. P線をクリックし、P線の上側をクリックする
4. P線をクリックし、P線の下側をクリックする
5. ［スペース］キーを押す（ツール終了）
6. 最後にP線を削除する

【オフセット】ツール

P線の両側に線を生成したあとの図

005　高さ基準線を描く（2）

レイアウトを調整します。屋根の高さを約1,600mmとして800mm下げます。

【移動】ツール

1 2本の基準線をクリックして選択する
2 【移動】ツールをクリックする
3 任意の位置（A点）をクリックしてからカーソルを真下方向に動かす
4 ＜800＞を入力する

結果は次図を参照してください。

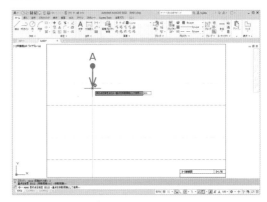

006　高さ基準線を描く（3）

高さ基準線を複写します。

【複写】ツール

1 P線をクリックして選択する
2 【複写】ツールをクリックする
3 任意の位置をクリックしてからカーソルを真上方向に動かす
4 ＜300＞を入力する（基礎上端）
5 ＜450＞を入力する（1FL）
6 ＜2900＞を入力する
7 ＜3200＞を入力する（2FL）
8 ［スペース］キーを押す（ツール終了）

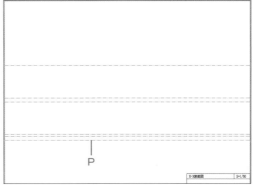

複写したあとの図

007　2階平面図をアタッチする（1）

通り芯線を描くために2階平面図をアタッチします。

【外部参照パレット】ツール

1 【外部参照パレット】ツールをクリックする
2 ［外部参照］パレットで［DWGをアタッチ］をクリックする
3 練習用データ「Plan_2F.dwg」を開く
4 ダイアログで［挿入位置］の［Y:］に＜10000＞を入力する（本来の位置より10m上方に配置）
5 パレットを閉じる

結果は次図を参照してください。

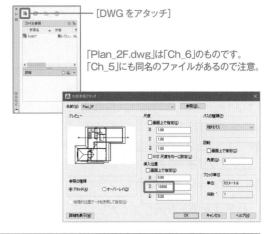

［DWGをアタッチ］

「Plan_2F.dwg」は「Ch_6」のものです。「Ch_5」にも同名のファイルがあるので注意。

008 　2階平面図をアタッチする(2)

2階平面図の画層を設定します。

【オブジェクト範囲ズーム】ツール

1. 【オブジェクト範囲ズーム】ツールをクリックする
2. リボンメニューの[ホーム]タブをクリックして元に戻す
3. 【画層】をクリックし以下の2つの画層をフリーズする
   - 「Plan_2F|2F_Finish」画層
   - 「Plan_2F|2F_Sash」画層

009 　通り芯線を描く

通り芯線を描きます。

【構築線】ツール

1. 2階平面図部分を拡大表示する
2. 【構築線】ツールをクリックする
3. <v>を入力する(垂直)
4. A点(交点)、B点(端点)、C点(端点)をクリックする
5. [スペース]キーを押す(ツール終了)

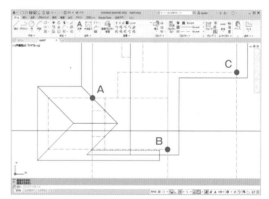

010 　通り芯線の不要部を切り取る

通り芯線の不要部を切り取ります。

【トリム】ツール

1. 高さ基準線の全体が見えるようにする
2. 【トリム】ツールをクリックする
3. <t>を入力する(切り取りエッジ)
4. P線とQ線をクリックする(切り取りエッジ)
5. [スペース]キーを押す(選択確定)
6. A1点(任意点)→A2点(任意点)あたりをクリックする(交差フェンス)
7. B1点(任意点)→B2点(任意点)あたりをクリックする(交差フェンス)
8. [スペース]キーを押す(ツール終了)

結果は次図を参照してください。

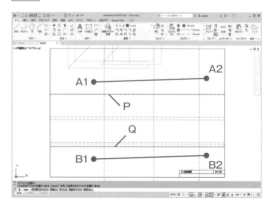

011 基準線の不要部を切り取る

基準線の不要部を切り取ります。

1️⃣ 【トリム】ツールをクリックする
2️⃣ A1点（任意点）→A2点（任意点）あたりをクリックする（交差フェンス）
3️⃣ B1点（任意点）→B2点（任意点）あたりをクリックする（交差フェンス）
4️⃣ [スペース] キーを押す（ツール終了）

 【トリム】ツール

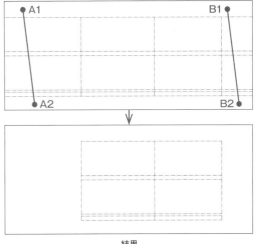

結果

012 アタッチを解除する

このあとファイルを保存するので練習のためにアタッチを解除しておきます。
※普通はアタッチしたままでかまいません。

1️⃣ 【外部参照パレット】ツールをクリックする
2️⃣ [外部参照] パレットで [Plan_2F] をクリックして選択する
3️⃣ 右クリックしてメニューを出し【アタッチ解除】をクリックする
4️⃣ パレットを閉じる

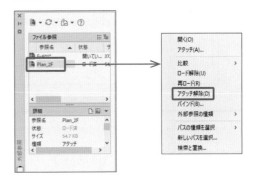 【外部参照パレット】ツール

013 ファイルを保存する

以上で基準線が完成したのでファイルを保存します。

1️⃣ 【名前を付けて保存】ツールをクリックする
2️⃣ 適当なファイル名、たとえば「my_Ex601. dwg」といった名前を付けて保存する

なお次の項目で使うデータファイルを用意しているのでAutoCADを終了してもかまいません。

 【名前を付けて保存】ツール

6.3 屋根と壁を描く

Ex602.dwg、Plan_1F.dwg、Plan_2F.dwg

断面図も立面図と同じように屋根から描き始めます。

屋根と壁の完成図

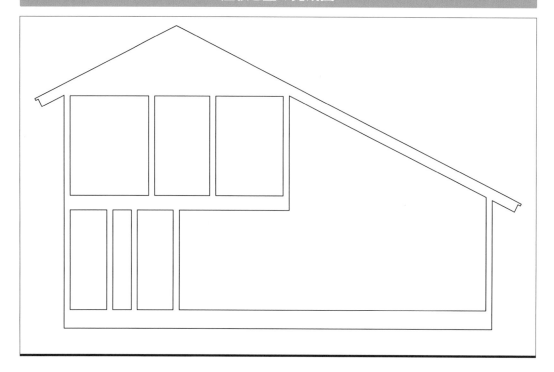

製図のPOINT ≫ 屋根と壁を描く

① 屋根の勾配は5/10です。

② 屋根と壁は外形線だけを「Section」画層に描きます。

③ 「Section」画層の線の太さは0.25mmです。

④ 壁には巾木や建具が付きますがここでは単純な2本線で表現し、次節で詳細部分を仕上げます。

使用するツール

屋根と壁を描くのに用いるツールの名前と場所をここでまとめて示します。

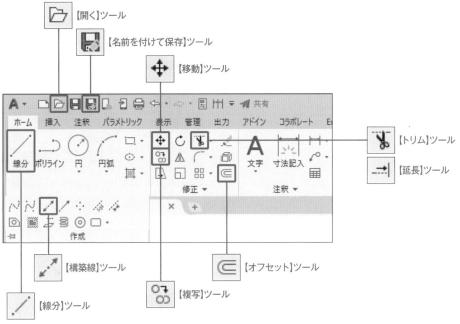

[表示]タブ

【外部参照パレット】ツール

001　練習用ファイルを開く

練習用ファイルを開きます。

1 クイックアクセスツールバーの【開く】ツールをクリックする
2 練習用データ「Ex602.dwg」を開く

 【開く】ツール

Ex602.dwg

002 　2階平面図をアタッチする(1)

屋根を描くために2階平面図をアタッチします。

1. 【外部参照パレット】ツールをクリックする
2. [外部参照] パレットで [DWGをアタッチ] をクリックする
3. 練習用データ「Plan_2F.dwg」を開く
4. ダイアログで [挿入位置] の [Y:] に<10000> を入力する(本来の位置より10m上方に配置)
5. パレットを閉じる

結果は次図を参照してください。

【外部参照パレット】ツール

[DWG をアタッチ]

003 　2階平面図をアタッチする(2)

2階平面図の画層を設定します。

1. 【オブジェクト範囲ズーム】ツールをクリックする
2. 【画層】で3つの画層をフリーズする
   ・「Plan_2F|2F_Finish」画層
   ・「Plan_2F|2F_Misc」画層
   ・「Plan_2F|2F_Sash」画層

【オブジェクト範囲ズーム】ツール

004 　屋根の基準線を描く

屋根の基準線を描きます。

1. 【構築線】ツールをクリックする
2. <v>を入力する(垂直)
3. ●を付けた点(端点)をクリックする(4点)
4. [スペース] キーを押す(ツール終了)

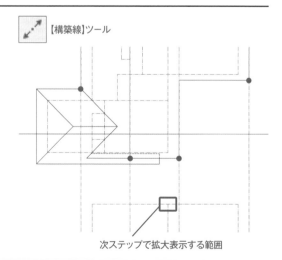

【構築線】ツール

次ステップで拡大表示する範囲

005 屋根を描く(1)

屋根を描きます。

1. 前図に示す範囲を表示させる
2. 【画層】で「Section」画層を現在画層にする
3. 【線分】ツールをクリックする
4. A点(端点)をクリックする
5. <−2000,1000>を入力する(勾配=5/10)
6. [スペース]キーを押す(ツール終了)

【線分】ツール

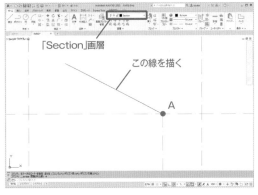

「Section」画層

この線を描く

A

006 屋根を描く(2)

引き続き屋根を描きます。

1. 【オフセット】ツールをクリックする
2. <200>を入力する(間隔)
3. P線をクリックしてからP線の上側をクリックしてQ線を生成する
4. [スペース]キーを2回押す(終了と再開)
5. <50>を入力する(間隔)
6. Q線をクリックしてからQ線の上側をクリックしてR線を生成する
7. [スペース]キーを押す(ツール終了)

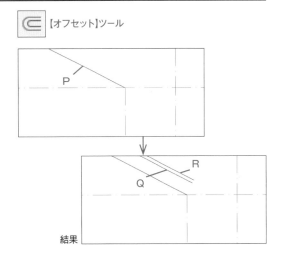

【オフセット】ツール

P

R

Q

結果

007 屋根を描く(3)

軒の先端の線を描きます。

1. 【線分】ツールをクリックする
2. A点(端点)→B点(端点)をクリックしてP線を描く
3. [スペース]キーを押す(ツール終了)
4. 【オフセット】ツールをクリックする
5. <70>を入力する(間隔)
6. P線をクリックしてからP線の左側をクリックする
7. [スペース]キーを押す(ツール終了)

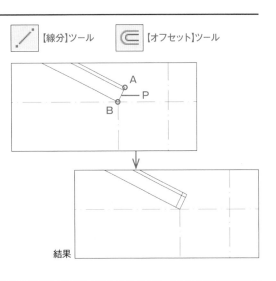

【線分】ツール　　【オフセット】ツール

A
P
B

結果

008 屋根を描く (4)

引き続き、軒の先端の線を描きます。

1. 【トリム】ツールをクリックする
2. ○を付けたところをクリックする (2ヶ所)
3. [Shift] キーを押しながらP線を2回クリックする

   ※ [Shift] キーを押している間は【トリム】ツールが【延長】ツールに変わります。
4. [スペース] キーを押す (ツール終了)

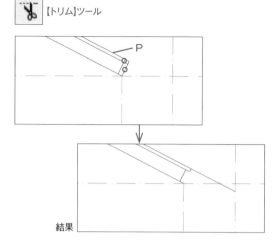

【トリム】ツール

結果

009 屋根を描く (5)

軒の先端の線を移動します。

1. 図に示す2本の線を選択する
2. 【移動】ツールをクリックする
3. A点 (端点)→B点 (端点)をクリックする

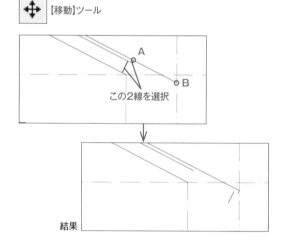

【移動】ツール

この2線を選択

結果

010 棟を描く (1)

屋根の線をミラーコピーします。

1. 図のような範囲を表示させる
2. これまで描いた屋根の線を窓選択する
3. 【鏡像】ツールをクリックする
4. A点 (交点)をクリックしてから真上方向の任意点 (B点)をクリックする
5. [スペース] キーを押す (コピー)

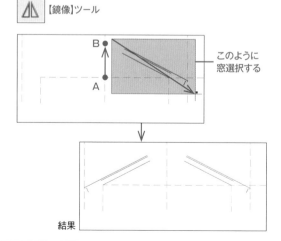

【鏡像】ツール

このように窓選択する

結果

011　棟を描く（2）

屋根の線のコーナー処理をします。

1. 【フィレット】ツールをクリックする
2. ＜r＞を入力する（半径）
3. ＜0＞を入力する（半径=0mm）
4. A1→A2あたりをクリックする
   ※屋根の最上部の線のみコーナー処理する。

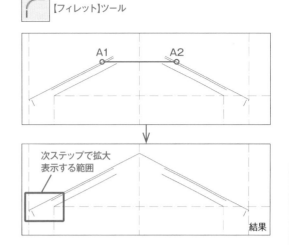

【フィレット】ツール

結果

012　左側の軒先を描く

左側の軒先を描きます。

1. 前図に示す範囲を表示させる
2. 【延長】ツールをクリックする
3. P線をクリックする
4. Q線を2回クリックする
5. ［Shift］キーを押しながら○を付けたあたり
   をクリックする
   ※［Shift］キーを押している間は【延長】ツールが【ト
   リム】ツールに変わります。
6. ［スペース］キーを押す（ツール終了）
7. 最後に×を付けた線を削除する

【延長】ツール

結果

013　右側の軒先を描く（1）

右側の軒先を描きます。

1. 図のように建物の右側部分を表示させる
2. 【延長】ツールをクリックする
3. ＜b＞を入力する（境界エッジ）
4. P線をクリックする（境界エッジ）
5. ［スペース］キーを押す（選択確定）
6. ●を付けたあたりをクリックする（3本）
7. ［スペース］キーを押す（ツール終了）

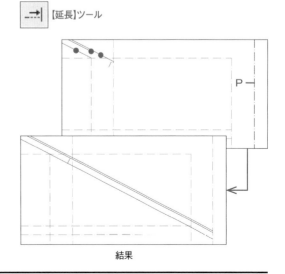

【延長】ツール

結果

014　右側の軒先を描く (2)

軒先の線を移動します。

1. 図に示す2本の線を選択する
2. 【移動】ツールをクリックする
3. A点 (端点) →B点 (端点) をクリックする

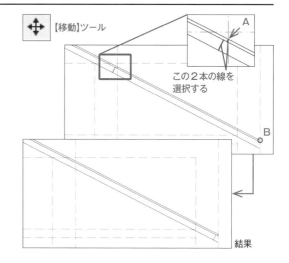

【移動】ツール

この2本の線を
選択する

A

B

結果

015　右側の軒先を描く (3)

軒先をまとめます。

1. 【トリム】ツールをクリックする
2. <t>を入力する (切り取りエッジ)
3. 図に示す2本の線をクリックする (切り取り
   エッジ)
4. [スペース] キーを押す (選択確定)
5. ○を付けたあたりをクリックする (3カ所)
6. [スペース] キーを押す (ツール終了)
7. 最後に×を付けた線を削除する (1本)

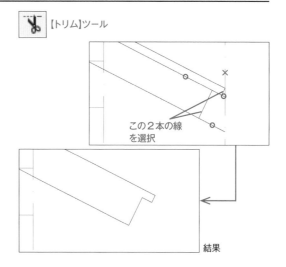

【トリム】ツール

この2本の線
を選択

結果

016　壁の準備をする (1)

　ここまでの操作の結果を確認したあと壁を
描く準備をします。

1. 図のような範囲を表示させる
2. ×を付けた線を削除する (2本)
3. ○を付けた3本の線を選択してから【画層】
   をクリックし、画層リストで「Section」画層
   をクリックする
4. [Esc] キーを押して選択解除する

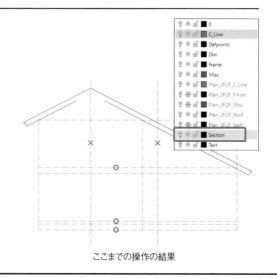

ここまでの操作の結果

017　壁の準備をする（2）

前ステップの結果です。

1 【画層】をクリックし、画層リストで「Plan_2F| 〜」の5つの画層のうち「Plan_2F|2F_Finish」以外の4画層をフリーズさせる

2 同じように「C_Line」画層をフリーズさせる
※現在画層は「Section」画層のままです。

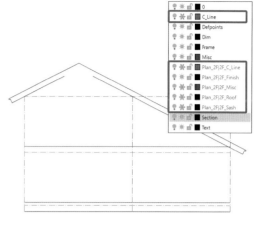

「C_Line」画層をフリーズさせる前の図

018　壁を描く（1）

壁を描きはじめます。

1 アタッチしている2階平面図の上半分を表示させる

2 【構築線】ツールをクリックする

3 ＜v＞を入力する（垂直）

4 ○を付けた点（すべて交点）をクリックする（10ヶ所）

5 ［スペース］キーを押す（ツール終了）

【構築線】ツール

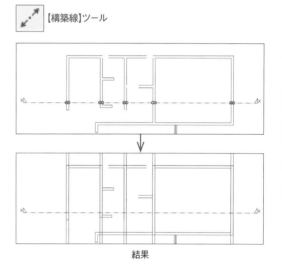

結果

019　壁を描く（2）

壁の作成に必要な天井線を描きます。

1 断面図の全体が見えるようにする

2 【オフセット】ツールをクリックする

3 ＜2400＞を入力する

4 P線（1FL）をクリックしてからP線の上側をクリックする

5 Q線（2FL）をクリックしてからQ線の上側をクリックする

6 ［スペース］キーを押す（ツール終了）

【オフセット】ツール

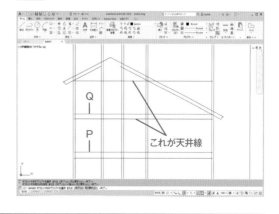

これが天井線

020   壁を描く(3)

壁と天井のコーナーを処理します。

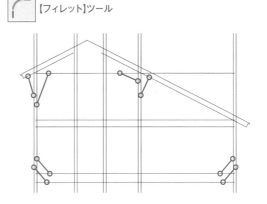

【フィレット】ツール

1 【フィレット】ツールをクリックする
2 <m>を入力する(複数回)
3 線で結んだ2つの○をクリックする(8組)
4 [スペース]キーを押す(ツール終了)

　結果は次図を参照してください。

021   壁を描く(4)

壁の不要部を切り取ります。

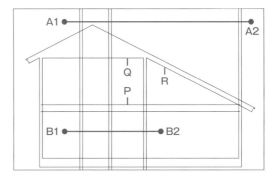

【トリム】ツール

1 【トリム】ツールをクリックする
2 <t>を入力する(切り取りエッジ)
3 P線とQ線およびR線をクリックする(切り取りエッジ)
4 [スペース]キーを押す(選択確定)
5 A1(任意点)→A2点(任意点)あたりをクリックする(交差フェンス)
6 B1(任意点)→B2点(任意点)あたりをクリックする(交差フェンス)
7 [スペース]キーを押す(ツール終了)

　結果は次図を参照してください。

022   壁を描く(5)

さらに壁と天井のコーナーを処理します。

【フィレット】ツール

1 【フィレット】ツールをクリックする
2 <m>を入力する(複数回)
3 線で結んだ2つの○をクリックする(2組)
4 [スペース]キーを押す(ツール終了)

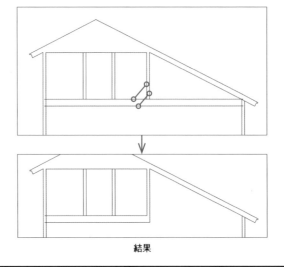

結果

023　壁を描く (6)

さらに不要部を切り取ります。

① 【トリム】ツールをクリックする
② ○を付けたところをクリックする (9ヶ所)
　※拡大表示してスクロールさせながらクリックする
　とやりやすいです。
③ [スペース] キーを押す (ツール終了)

 【トリム】ツール

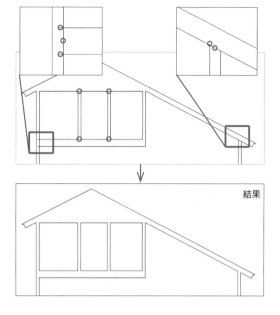

結果

024　アタッチを解除する

2階平面図のアタッチを解除します。

 【外部参照パレット】ツール

① 【外部参照パレット】ツールをクリックする
② [外部参照] パレットで [Plan_2F] をクリックして選択する
③ 右クリックしてメニューを出し【アタッチ解除】をクリックする

次ステップに続きます。

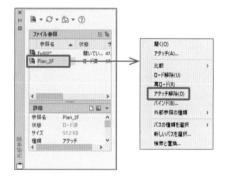

025　1階壁の準備 (1)

前ステップの続きです。1階平面図をアタッチします。

① [外部参照] パレットで [DWGをアタッチ] をクリックする
② 練習用データ「Plan_1F.dwg」を開く
③ ダイアログで [挿入位置] の [Y:] に<10000>を入力する (本来の位置より10m上方に配置)
④ パレットを閉じる

結果は次図を参照してください。

[DWGをアタッチ]

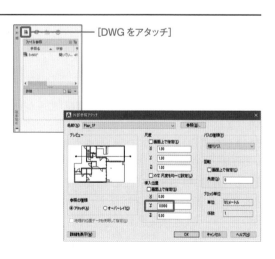

026　1階壁の準備(2)

1階平面図の画層を設定します。

1️⃣ 【オブジェクト範囲ズーム】ツールをクリックする

2️⃣ 【画層】をクリックし以下の3つの画層をフリーズする
- 「Plan_1F|1F_C_Line」画層
- 「Plan_1F|1F_Misc」画層
- 「Plan_1F|1F_Sash」画層

※現在画層は「Section」画層のままです。

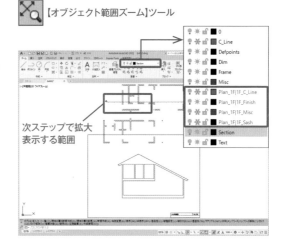

【オブジェクト範囲ズーム】ツール

次ステップで拡大表示する範囲

027　1階壁を描く(1)

1階の壁を描きはじめます。

1️⃣ 前図に示す範囲を表示させる

2️⃣ 【構築線】ツールをクリックする

3️⃣ <v>を入力する(垂直)

4️⃣ ○を付けた点(交点と端点)をクリックする(6点)

5️⃣ [スペース] キーを押す(ツール終了)

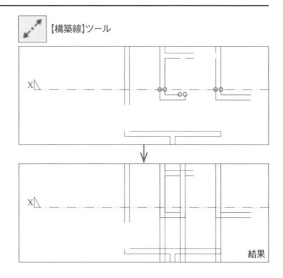

【構築線】ツール

結果

028　1階壁を描く(2)

1階の壁の不要部分を切り取ります。

1️⃣ 図のような範囲を表示させる

2️⃣ 【トリム】ツールをクリックする

3️⃣ <t>を入力する(切り取りエッジ)

4️⃣ P線とQ線をクリックする(切り取りエッジ)

5️⃣ [スペース] キーを押す(選択確定)

6️⃣ A1(任意点)→A2点(任意点)あたりをクリックする(交差フェンス)

7️⃣ B1(任意点)→B2点(任意点)あたりをクリックする(交差フェンス)

8️⃣ [スペース] キーを押す(ツール終了)

結果は次図を参照してください。

【トリム】ツール

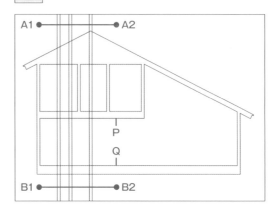

029   1階壁を描く (3)

　引き続き1階の壁の不要部分を切り取りま
す。

1. 【トリム】ツールをクリックする
2. ○を付けたところをクリックする (6ヶ所)
3. ［スペース］キーを押す (ツール終了)

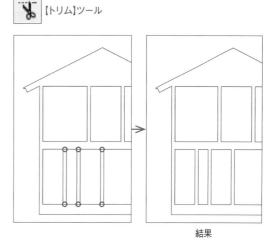

【トリム】ツール

結果

030   アタッチを解除する

　1階平面図のアタッチを解除します。

1. 【外部参照パレット】ツールをクリックする
2. ［外部参照］パレットで［Plan_1F］をクリッ
   クして選択する
3. 右クリックしてメニューを出し【アタッチ解
   除】をクリックする

【外部参照パレット】ツール

031   ファイルを保存する

　以上で屋根と壁が完成したのでファイルを
保存します。

1. 【名前を付けて保存】ツールをクリックする
2. 適当なファイル名、たとえば「my_Ex602.
   dwg」といった名前を付けて保存する

　なお次の項目で使うデータファイルを用意し
ているのでAutoCADを終了してもかまいませ
ん。

【名前を付けて保存】ツール

屋根と壁ができた

6.4 断面図を仕上げる

Ex603.dwg

最初に基礎とポーチを描きそのあと階段、物入れ、リビング・ダイニングの窓、巾木などを描きます。

断面図の完成図

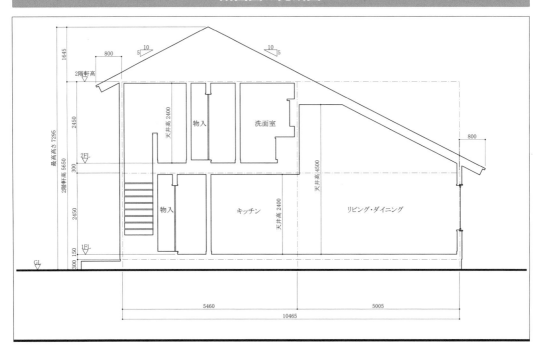

製図のPOINT 》》 断面図を仕上げる

① 基礎は壁より15mm後退させます。

② 作り付け家具の洗面台は詳細図で内部を表現するので断面図では外形線だけ描きます。

③ サッシュは建具表と詳細図で細かな仕様を決定するのでここでは外形線のみ描きます。

④ 寸法と文字は平面図と同じ手順で記入するので結果のみ示します。

⑤ 断面図に展開図をかねて奥の線を描くことがありますが、ここでは断面のみ描きます。ただし階段だけは分かりやすくするために奥の線を描きます。

AutoCAD の操作

使用するツール

断面図の仕上げに用いるツールの名前と場所をここでまとめて示します。

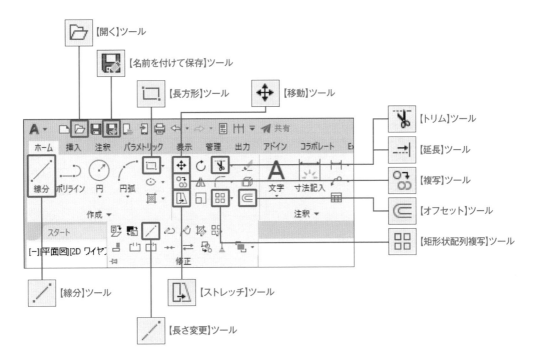

【開く】ツール

【名前を付けて保存】ツール

【長方形】ツール 【移動】ツール

【トリム】ツール

【延長】ツール

【複写】ツール

【オフセット】ツール

【矩形状配列複写】ツール

【線分】ツール

【ストレッチ】ツール

【長さ変更】ツール

001 練習用ファイルを開く

練習用ファイルを開きます。

 【開く】ツール

1 クイックアクセスツールバーの【開く】ツールをクリックする
2 練習用データ「Ex603.dwg」を開く
3 「Section」画層が現在画層になっているのを確認する

「Section」画層が現在画層

Ex603.dwg

002　基礎とポーチを描く（1）

基礎とポーチを描きます。

1 【長さ変更】ツールをクリックする
2 ＜de＞を入力する（増減）
3 ＜－300＞を入力する
4 A点とB点あたりをクリックする（縮める）
5 ［スペース］キーを2回押す（終了と再開）
6 ＜de＞を入力する（増減）
7 ＜1200＞を入力する
8 C点あたりをクリックする（伸ばす）
9 ［スペース］キーを押す（ツール終了）

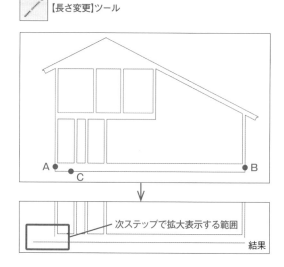

【長さ変更】ツール

次ステップで拡大表示する範囲

結果

003　基礎とポーチを描く（2）

引き続き、基礎とポーチを描きます。

1 前図に示す範囲を表示させる
2 【線分】ツールをクリックする
3 A点（端点）をクリックしてから右水平方向に
　カーソルを動かす
4 ＜15＞を入力してから真下方向にカーソル
　を動かす
5 ＜50＞を入力してから左水平方向にカーソ
　ルを動かす
6 ＜1215＞を入力してからB点（端点）をク
　リックする
7 ［スペース］キーを押す（ツール終了）

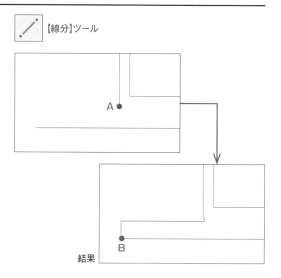

【線分】ツール

結果

004　基礎とポーチを描く（3）

右端の基礎を描きます。

1 右端の基礎部分を表示させる
2 【線分】ツールをクリックする
3 A点（端点）をクリックしてから左水平方向に
　カーソルを動かす
4 ＜15＞を入力してから真下方向の交点をク
　リックする
5 ［スペース］キーを押す（ツール終了）

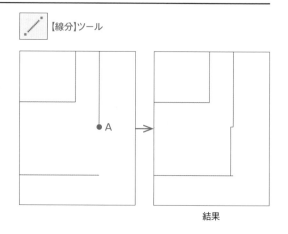

【線分】ツール

結果

005 階段を描く（1）

階段を描きます。

1. 1階の左端付近を表示させる（図参照）
2. 【ストレッチ】ツールをクリックする
3. 図のように交差選択する
4. ［スペース］キーを押す（選択確定）
5. 任意の位置（A点）をクリックしてから真上方向にカーソルを動かす
6. ＜589.2＞を入力する

One Point

階高が2,750mmで階段が14段なので1段分は196.4mm（=2750÷14）です。切断位置が階段の3段目なので床からの高さは589.2mm（=196.4×3）です。

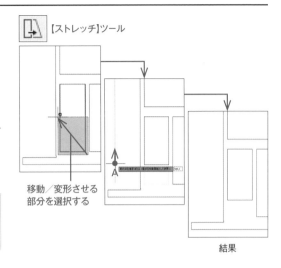

【ストレッチ】ツール

移動／変形させる部分を選択する

結果

006 階段を描く（2）

奥の段板を描きます。

1. 【オフセット】ツールをクリックする
2. ＜196.4＞を入力する
3. P線をクリックしてからP線の上側をクリックしてQ線を生成する
4. ［スペース］キーを2回押す（終了と再開）
5. ＜30＞を入力する
6. Q線をクリックしてからQ線の下側をクリックしてR線を生成する
7. ［スペース］キーを押す（ツール終了）

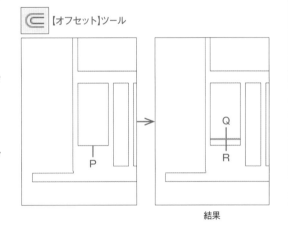

【オフセット】ツール

結果

007 階段を描く（3）

奥の段板を画層移動してから配列複写をします。

1. 前ステップで生成した2本の線を選択する
   ※2本の線とは前図のQ線とR線です。
2. 【画層】で「Misc」画層をクリックする
   ※これで2本の線は「Misc」画層に移動します。
3. 【矩形状配列複写】ツールをクリックする
4. リボンの［ホーム］タブが［配列複写作成］タブに切り替わるので［列:］=＜1＞、［行:］=＜8＞、［間隔:］=＜196.4＞を入力する
5. ［スペース］キーを押す（ツール終了）

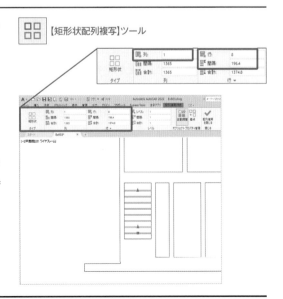

【矩形状配列複写】ツール

008 　手すり壁(1)

階段の手すり壁を描きます。

1. 【オフセット】ツールをクリックする
2. ＜900＞を入力する
3. P線をクリックしてからP線の上側をクリックする
4. 【延長】ツールをクリックする
5. ○を付けたところを2回クリックする(2ヶ所)
6. ●を付けたところをクリックする(1ヶ所)
7. [Shift]キーを押しながら▲を付けたところをクリックする(4ヶ所)
8. [スペース]キーを押す(ツール終了)
9. ×を付けた線を削除する(2本)

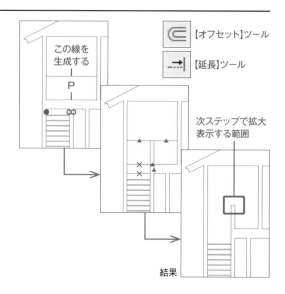

【オフセット】ツール

【延長】ツール

この線を生成する

次ステップで拡大表示する範囲

結果

009 　手すり壁(2)

手すり壁の上部を描きます。

1. 前図に示す範囲を表示させる
2. 【長方形】ツールをクリックする
3. A点にカーソルを合わせ一呼吸待ってから真下方向にカーソルを動かし＜40＞を入力する
4. ＜10,−10＞を入力する
5. いま描いた長方形を選択する
6. 【鏡像】ツールをクリックする
7. B点(中点)をクリックしてから真下方向の任意点をクリックする
8. [スペース]キーを押す(コピー)

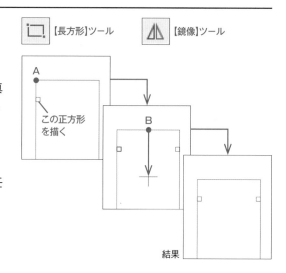

【長方形】ツール　　【鏡像】ツール

この正方形を描く

結果

010 　手すり壁(3)

引き続き、手すり壁の上部を描きます。

1. 【トリム】ツールをクリックする
2. ○を付けたところを2回クリックする(2ヶ所)
3. [スペース]キーを押す(ツール終了)

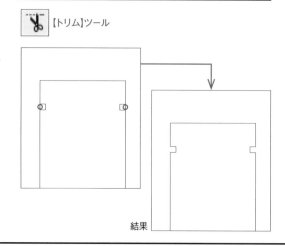

【トリム】ツール

結果

011 　1階物入を描く（1）

1階の物入を描きます。

1. 【ストレッチ】ツールをクリックする
2. 図のように交差選択をする
3. ［スペース］キーを押す（選択確定）
4. 任意の位置をクリックしてから真上方向に
   カーソルを動かし＜90＞を入力する
5. 【長方形】ツールをクリックする
6. A点（端点）をクリックしてから＜165,
   −35＞を入力する
7. ［スペース］キーを押す（ツール再開）
8. B点（端点）をクリックしてから＜180,
   −35＞を入力する

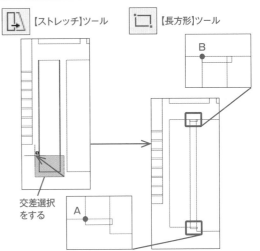

【ストレッチ】ツール　　【長方形】ツール

B

交差選択
をする

A

012 　1階物入を描く（2）

引き続き、1階の物入を描きます。

1. 図に示す長方形を選択する
2. 【移動】ツールをクリックする
3. 任意の位置をクリックしてから＜−15,
   −300＞を入力する
4. 【トリム】ツールをクリックする
5. ●を付けたあたりをクリックする（2ヶ所）
   ※【トリム】ツールでは切り取る部分の全部が見える
   ようにします。一部しか見えない状態で切り取ると
   失敗します。
6. ○を付けたあたりをクリックする（6ヶ所）
7. ［スペース］キーを押す（ツール終了）

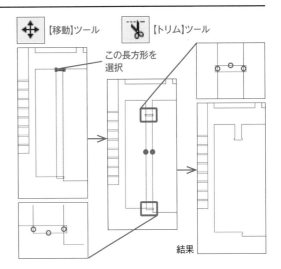

【移動】ツール　　【トリム】ツール

この長方形を
選択

結果

013 　1階物入を描く（3）

1階の物入の扉を描きます。

1. 【長方形】ツールをクリックする
2. 任意の位置（A点）をクリックしてから
   ＜30,1975＞を入力する
3. いま描いた長方形を選択する
4. 【移動】ツールをクリックする
5. B点（中点）→C点（中点）をクリックする
   ※拡大表示にすると操作しやすくなります。

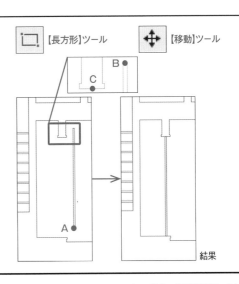

【長方形】ツール　　【移動】ツール

B
C

A

結果

014   2階物入を描く

1階の物入を2階に複写します。

1. 図のような範囲を表示させる
2. 1階の物入部分を交差選択で選択する
3. 【複写】ツールをクリックする
4. A点（端点）→B点（端点）をクリックする
5. ［スペース］キーを押す（ツール終了）
6. 【トリム】ツールをクリックする
7. ○を付けたところをクリックする（3ヶ所）
8. ［スペース］キーを押す（ツール終了）

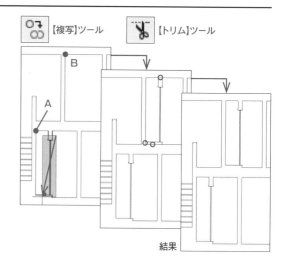

015   リビング・ダイニングの天井

リビング・ダイニングの天井を描きます。

1. リビング・ダイニングの全体を表示させる
2. 【オフセット】ツールをクリックする
3. ＜4500＞を入力する
4. P線をクリックしてからP線の上側をクリックする
5. ［スペース］キーを押す（ツール終了）
6. 【フィレット】ツールをクリック
7. A1→A2をクリックする
8. ［スペース］キーを押す（ツール再開）
9. B1→B2をクリックする

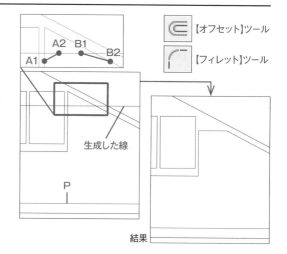

016   リビング・ダイニングの窓（1）

リビング・ダイニングのサッシュを描きます。

1. 建物の右端部分を拡大表示する
2. 【長方形】ツールをクリックする
3. A点（端点）をクリックしてから＜90,35＞を入力する
4. いま描いた長方形を選択する
5. 【移動】ツールをクリックする
6. 任意の位置をクリックしてから＜－15,700＞を入力する

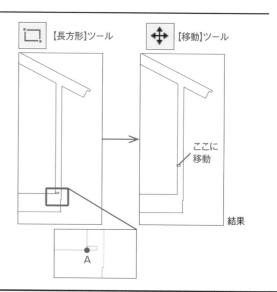

017　リビング・ダイニングの窓(2)

引き続き、サッシュを描きます。

1️⃣ 前ステップで移動した長方形を選択する
2️⃣ 【複写】ツールをクリックする
3️⃣ 任意の位置をクリックしてから真上方向に
　　カーソルを動かし、<1365>を入力する
4️⃣ [スペース] キーを押す(ツール終了)
5️⃣ 【長方形】ツールをクリックする
6️⃣ A点(端点)をクリックしてから<100,25>
　　を入力する
7️⃣ [スペース] キーを押す(ツール再開)
8️⃣ B点(端点)をクリックしてから<100,
　　−25>を入力する

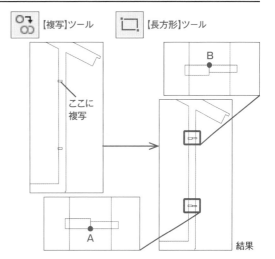

018　リビング・ダイニングの窓(3)

引き続き、サッシュを描きます。

1️⃣ 【トリム】ツールをクリックする
2️⃣ ●を付けたあたりをクリックする(2ヶ所)
3️⃣ ○を付けたあたりをクリックする(6ヶ所)
4️⃣ [スペース] キーを押す(ツール終了)

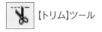【トリム】ツール

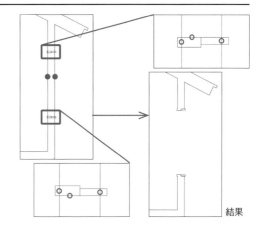

019　リビング・ダイニングの窓(4)

サッシュの障子(可動部)を描きます。

1️⃣ 【長方形】ツールをクリックする
2️⃣ A点(端点)にカーソルを合わせて一呼吸待っ
　　てから右水平方向にカーソルを少し動かす
3️⃣ <10>を入力してから<30,60>を入力する
4️⃣ [スペース] キーを押す(ツール再開)
5️⃣ B点(端点)にカーソルを合わせて一呼吸待っ
　　てから右水平方向にカーソルを少し動かす
6️⃣ <10>を入力してから<30,−60>を入力
　　する
7️⃣ 【線分】ツールをクリックする
8️⃣ C点(中点)→D点(中点)をクリックする
9️⃣ [スペース] キーを押す(ツール終了)

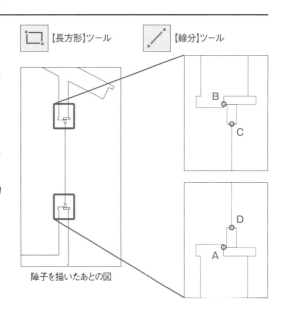

020 巾木を描く（1）

巾木（はばき）を描きます。

1. 図に示す範囲を拡大表示する
2. 【長方形】ツールをクリックする
3. A点（端点）をクリックする
4. ＜－10,60＞を入力する
5. 【トリム】ツールをクリックする
6. 図のように2点をクリックする（交差フェンス）
7. ［スペース］キーを押す（ツール終了）

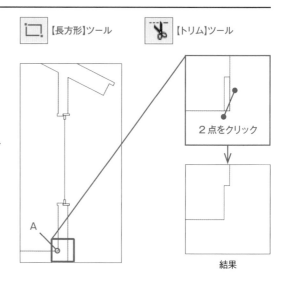

【長方形】ツール　【トリム】ツール

2点をクリック

結果

021 巾木を描く（2）

他の巾木を描きます。

1. 図で矢印が示す位置に前ステップと同じように巾木を描く（6ヶ所）

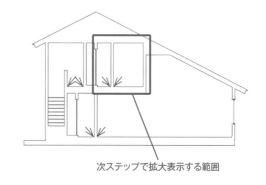

次ステップで拡大表示する範囲

022 洗面台を描く（1）

洗面室の洗面台を描きます。

1. 前図に示す範囲を表示させる
2. 【長方形】ツールで図に示す長方形を描く（5個）

   ※図にある文字・寸法は記入しないでください。

One Point

以前は洗面カウンターの高さを720mmとするのが普通でしたが720mmでは低いので780mmとしました。洗面カウンターの高さは使用者の身長などを元に決定します。

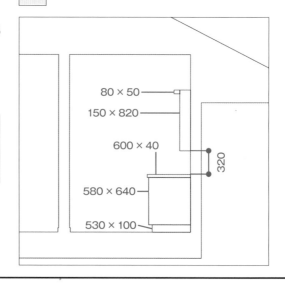

【長方形】ツール

80 × 50
150 × 820
600 × 40
320
580 × 640
530 × 100

023 洗面台を描く(2)

不要線を切り取ります。

1. 【トリム】ツールをクリックする
2. ○を付けたあたりを2回ずつクリックする
   （8ヶ所）
   ※交差フェンスの方法でもかまいません。
3. ［スペース］キーを押す（ツール終了）

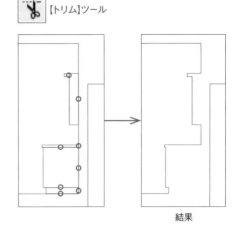

【トリム】ツール

結果

024 文字、寸法、GL線の強調

以上で断面図の図形を描き終えました。仕上げとして文字と寸法を記入し、GL線を強調しますが、いずれも平面図・立面図とほぼ同じ手順で記入できるので結果だけ示します。

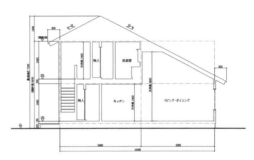

文字と寸法を記入しGL線を強調した

One Point

寸法で寸法数値の前に「最高高さ」や「天井高」の文字を記入する手順を紹介します。
1. ［Ctrl］＋［1］キーを押して［プロパティ］パレットを呼び出す
2. 寸法を選択する
3. ［プロパティ］パレットの「基本単位」の「寸法値の接頭表記」に記入したい文字列を入力する

025 ファイルを保存する

以上で断面図が完成したのでファイルを保存します。

1. 【名前を付けて保存】ツールをクリックする
2. 適当なファイル名、たとえば「my_Ex603.dwg」といった名前を付けて保存する

完成データの「Ex604E.dwg」が「AC2022_Data」フォルダの中の「Ch_6」フォルダにあります。

【名前を付けて保存】ツール

断面図が完成

送付先 FAX番号：03-3403-0582　　メールアドレス：info@xknowledge.co.jp

FAX質問シート
AutoCAD で学ぶ建築製図の基本 AutoCAD 2022 対応

以下を必ずお読みになり、ご了承いただいた場合のみご質問をお送りください。

● 「本書の手順通り操作したが記載されているような結果にならない」といった本書記事に直接関係のある質問のみ回答いたします。「このようなことがしたい」「このようなときはどうすればよいか」など特定のユーザー向けの操作方法や問題解決方法、また体験版についての質問は受け付けておりません。
● 本質問シートで FAX またはメールにてお送りいただいた質問のみ受け付けております。お電話による質問はお受けできません。
● 本質問シートはコピーしてお使いください。また、必要事項に記入漏れがある場合は回答できない場合がございます。
● メールの場合は、書名と質問内容や該当ページなど FAX 質問シートと同様の項目を必ずご入力のうえ、送信してください。
● ご質問の内容によっては回答できない場合や日数を要する場合がございます。
● パソコンや OS そのもの、ご使用の機器や環境についての操作方法・トラブルなどの質問は受け付けておりません。

ふりがな

氏　　名　　　　　　　　　　　　　年齢　　　　　歳　　性別　男　・　女

回答送付先（FAX またはメールのいずれかに○印を付け、FAX 番号またはメールアドレスをご記入ください）

FAX・メール

※送付先ははっきりとわかりやすくご記入ください。判読できない場合は回答いたしかねます。電話による回答はいたしておりません。

ご質問の内容　　※ 例）189ページの手順 4 までは操作できるが、手順 5 の結果が別紙画面のようになって解決しない。

【 本書　　　　　　ページ　～　　　　　ページ 】

ご使用のパソコンの環境　　　　　（パソコンのメーカー名・機種名、OS の種類とバージョン、メモリ量、ハードディスク容量など質問内容によっては必要ありませんが、環境に影響される質問内容で記入されていない場合はご回答できません）

Appendix

ここまでの章で取り上げられなかった項目のうち、AutoCADで建築製図をするた

めに知っておいたほうがよいことについて説明します。

7.1 印刷について

AutoCADはプロ用のCADなので印刷（プリンタやプロッタへの出力）の機能が充実しています。そして自由度が高い仕様になっています。しかしこれらのことはビギナーになかなか理解しにくいことを意味します。これから印刷について説明しますが、最も単純なケースについてのみ取り上げます。

7.1.1 簡単に印刷するには

AutoCADで簡単に印刷するためには、最初から印刷のことを意識して図面を作成します。本書で課題として作成した3枚の図面はいずれも簡単に印刷できる条件に合っています。その条件を次に並べてみます。なおAutoCADは以下の条件に当てはまらない図面でも印刷できる機能を持っていますので決して誤解しないようにしてください。

◆用紙サイズと縮尺および印刷範囲（印刷機器に依存する）を考慮した用紙枠を設定し、この用紙枠の内側に図面を作成する（用紙枠をはみ出さないこと）。

◆縮尺を混在しないようにする。たとえば縮尺が1/100の平面図と1/10の詳細図を1枚の図面に並べるといったことをしない。

◆カラーを使ってもよいが画面表示の色とは別の色で印刷することをしない、たとえば多数の色を使っているが通り芯だけ赤色で印刷し他の色は黒色で印刷するということをしない。できるのは画面通りのカラーで印刷する、モノクロで印刷する、グレースケールで印刷するの3種類。

◆線種のパターンとハッチングパターンを画面表示と別のパターンで印刷することをしない。

7.1.2 印刷の手順

第4章で作成した1階平面図を例にして印刷する手順を説明します。なお用紙はA3判なのでプリンタはA3判を印刷できる機種が望ましいですが、A4判のプリンタで縮小印刷する方法も説明します。

最初に印刷する図面を開きます。

1 クイック アクセス ツールバーの【開く】ツールをクリックする

2 練習用データの「AC2022_Data」フォルダの中の「Ch_4」フォルダにある「Ex409E.dwg」を開く

※Ex409E.dwgは縮尺が1/50で用紙サイズはA3判を想定しています。

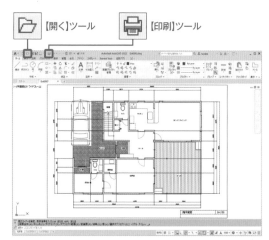

Ex409E.dwg

▶▶ 印刷の基本設定

【印刷】ツールをクリックして「印刷－モデル」ダイアログを呼び出して用紙や縮尺を設定します。

1 クイック アクセス ツールバーの【印刷】ツールをクリックする

2 「印刷 - モデル」ダイアログで [プリンタ/プロッタ] の [名前] で使用するプリンタ/プロッタの機種を選択する
※選択できるのはインストール済みのプリンタやプロッタなのでパソコンによって異なります。

3 [用紙サイズ] でA3判を選択する（A4判までしか印刷できない機種ではA4判を選択する）
※図では「A3 297×420mm」と表示されていますがこれは機種によって表現が異なります。

4 [印刷対象] で「オブジェクト範囲」を選択する
※これにより図面枠を含み、図面枠の内側に描いた全オブジェクトが印刷されます。

5 [印刷の中心] にチェックを入れる

6 [印刷尺度] の「用紙にフィット」のチェックを外す
※もしA4判プリンタを使うなら「用紙にフィット」にチェックを入れ、**7**の操作は飛ばしてください。

7 尺度で「1:50」を選択する
※「1:50」は「縮尺=1/50」と同じ意味です。

8 [オプションを表示] ボタンを押してオプション部分を表示させ次に進む

▶▶ 印刷のオプション設定

引き続き「印刷－モデル」ダイアログで設定します。

1 [印刷スタイルテーブル] で「monochrome. ctb」を選択し、質問メッセージで [はい] をクリックする

2 「線の太さを印刷に反映」と「印刷スタイルを使って印刷」にチェックが入っているのを確認する

3 [図面の方向] で [横] にチェックを入れる

4 「印刷 - モデル」ダイアログの左下にある [プレビュー] ボタンをクリックして次に進む

One Point

印刷スタイルテーブルの「monochrome.ctb」はモノクロ印刷用です。カラーで印刷するなら「acad.ctb」を、グレースケール印刷なら「Grayscale.ctb」を選択してください。

用紙に納まらないときはここに赤い線が表示されるが、オプション設定の**3**で設定する用紙の向きも影響する

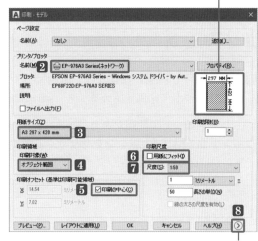

[オプションを表示]ボタン

[プレビュー]ボタン

One Point

各項目の設定が終わったあとで「印刷 - モデル」ダイアログの先頭にある [ページ設定] の [追加] をクリックし適当な名前、たとえば「A3-1/50」といった名前で保存しておくと次回からは「A3-1/50」を選択するだけで印刷の設定が終わります。

▶▶ プレビューで確認

引き続きプレビューで確認し、よければ印刷します。

1 プレビューウィンドウに印刷イメージが表示されるので確認する

2 プレビューに問題がなければ［印刷］ボタンをクリックして印刷を始める

もしプレビューで問題があれば［プレビューウィンドウを閉じる］ボタンをクリックしてダイアログに戻り設定を見直します。

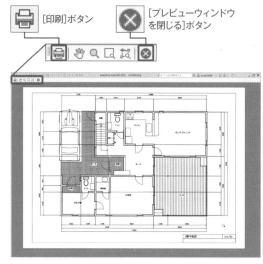

［印刷］ボタン　［プレビューウィンドウを閉じる］ボタン

プレビューウィンドウにプレビューが表示される

7.1.3 用紙の種類と印刷の品質

印刷する用紙の違いや印刷の品質は印刷機器の機種に依存するのでAutoCADのダイアログでは設定できません。プリンタ/プロッタの設定ウィンドウで設定します。そこでプリンタ/プロッタの設定ウィンドウを呼び出す手順を説明します。

1 「印刷 - モデル」ダイアログで［プリンタ/プロッタ］の［プロパティ］をクリックする

2 「プロッタ環境設定エディタ」が開くので［カスタム プロパティ］をクリックする

3 するとプリンタ/プロッタに固有の設定ダイアログが開くので用紙の種類や印刷品質を設定する

※ワープロなど他のソフトでもおなじみの設定ダイアログです。内容は機種ごとに違います。

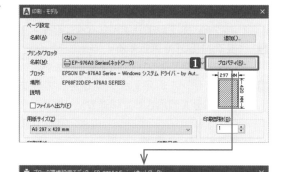

筆者が使用しているプリンタの設定画面

④ プリンタ/プロッタの設定が終わると「プリンタ環境設定ファイル」を保存するかを聞いてくるのでなるべく保存する

「プリンタ/プロッタの設定ファイル」を保存すると「プリンタ/プロッタの名前.pc3」というファイルができ、次回からこのファイルを右図のように選択するだけで、用紙の設定などができます。

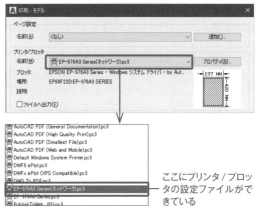

ここにプリンタ / プロッタの設定ファイルができている

7.1.4 線の太さを目で確認する

本書の課題図面は線の太さを事細かに指定して作成しました。線の太さを使い分けるのは、めりはりのある図面にするためもありますが、それよりも読みやすい図面にして読み取りミスを防ぐという目的のためです。

AutoCADの作図画面（モデル画面という）では線はみな同じ太さで表示されます。

※モデル画面でも0.3mm以上の線は太く表示できますが建築図面で0.3mmの線は太すぎるため使いません。

正確な線の太さを見るためには印刷しなければなりませんが、AutoCADの画面で線の太さの違いを確認する方法があるので紹介します。

1 ステータスバーの [カスタマイズ] をクリックする
2 項目のリストが表示されるので「線の太さ」をクリックして表示にする
　※チェックを付けるとステータスバーに表示される。
3 ステータスバーの [線の太さを表示/非表示] をオンにする
　※デフォルトではオフなのでクリックしてオンにする
　（オン=色が付く）。

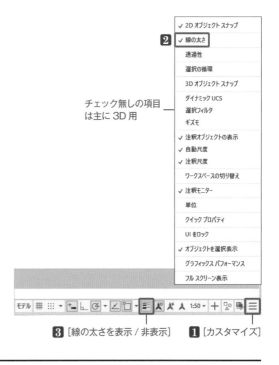

チェック無しの項目は主に 3D 用

3 [線の太さを表示 / 非表示]　1 [カスタマイズ]

0.3mm未満の線の太さの違いを見るには以下のようにします。

4 画面左下にある［レイアウト1］タブをクリックする

5 線の太さを確認したいところを拡大表示する

6 確認したら［モデル］タブをクリックして戻る

　図のように線の太さがはっきりと区別できます。ただしプリンタ/プロッタでの印刷結果は機種に依存するため画面と同じ線の太さになるとは限りません。このためAutoCADを仕事で使うときは事前にプリンタ/プロッタで印刷して確認してください。

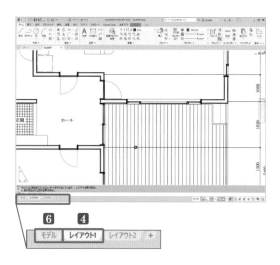

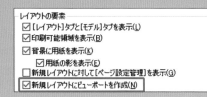

One Point

　［レイアウト1］をクリックしても何も表示されないときは「オプション」ダイアログを呼び出し（方法は次項）、［表示］タブで［新規レイアウトにビューポートを作成］をオンにし、ファイル（ここではEx409E.dwg）を開きなおしてください。

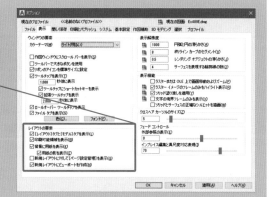

7.2 AutoCADのオプション

AutoCADがどんなCADかを知りたいとき、AutoCADのオプションの内容を知ることが近道です。また本書でAutoCAD の基本的な使い方を身に付けたあと、次の段階に進むときにもオプションの知識が必要になります。そこでオプション項目のうち建築製図に役立つもの、AutoCADビギナーにとって有用なものを説明をします。説明を省略した項目は筆者の経験で使用することはないと判断したものです。

7.2.1 「オプション」ダイアログの呼び出し

AutoCAD のオプション項目のほとんどが「オプション」ダイアログにあります。「オプション」ダイアログを呼び出す方法は27ページで説明していますが、ここでまた説明します。

1 アプリケーションメニューをクリックしてメニュー画面を出し、[オプション] をクリックする

7.2.2 ［ファイル］タブ

「オプション」ダイアログの ［ファイル］ タブはAutoCADが使っている各種ファイルの名前や場所が表示されます。これらを変更できますが、その必要はほとんどありません。しかし会社や大学でセキュリティのため保存場所を変えたい場合があります。そんなときにはこの ［ファイル］ タブで変えます。また各種のファイル、たとえば自動保存ファイルやテンプレートファイルがどこに保存されているのか、といったことを調べるのにとても便利です。

「オプション」ダイアログの [ファイル] タブ

7.2.3 ［表示］タブ

「オプション」ダイアログの［表示］タブでは画面に表示するものや、色や大きさを指定します。

「オプション」ダイアログの［表示］タブ

▶▶ ウィンドウの要素

ウィンドウの要素ではAutoCADの画面要素の外観を変えます。設定を変えてみると見た目が変わるので、それぞれの項目の意味は比較的にわかりやすいものです。

▶ カラーテーマ

カラーテーマは「ダーク（暗い）」（デフォルト）と「ライト（明るい）」があり、リボンやステータスバーの色調を変えられます。どちらを使うかは好みによります。

▶ ツールチップを表示

ツールのアイコンにカーソルを合わせると簡単な説明がツールの近くに表示されます。これを「ツールチップ」といいます。さらにカーソルを合わせ続けると詳しい説明が表示されます。これを「拡張ツールチップ」といいます。

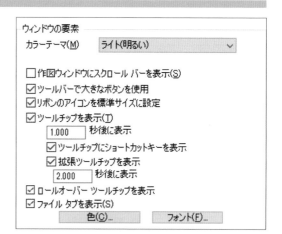

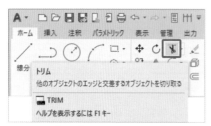

【トリム】ツールのツールチップ

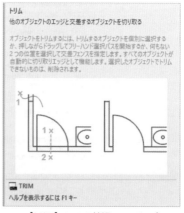

【トリム】ツールの拡張ツールチップ

⤷ ロールオーバーツールチップを表示

カーソルをオブジェクトに合わせるとそのオブジェクトのプロパティの一部が表示されます。これを「ロールオーバーツールチップ」といいます。

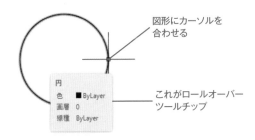

図形にカーソルを合わせる

これがロールオーバーツールチップ

One Point

ステータスバーに[クイックプロパティ]というツールがありますが表示されていません。[線の太さの表示/非表示]と同じように(213ページ)ステータスバーに表示できますがその必要はありません。なぜならば図形をダブルクリックすればクイックプロパティが表示されるからです。

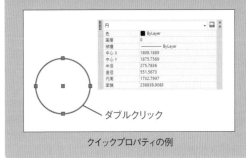

ダブルクリック

クイックプロパティの例

⤷ ファイルタブを表示

2つ以上のファイルを開いているとき、ウィンドウに表示するファイルをファイルタブで簡単に切り替えられます。これはとても便利な機能なのでぜひ使ってください。

ファイルタブ

⤷ [フォント] ボタン

[フォント] ボタンをクリックすると「コマンドラインウィンドウのフォント」ダイアログが表示されます。コマンドウィンドウのフォントを変える必要はありませんが、もし文字が小さくて読みにくいということであれば、ここで大きくしてください。

⤷ [色] ボタン

[色] ボタンは作図ウィンドウの背景色を変えたときに使いましたが(28ページ)、「作図ウィンドウの色」ダイアログで背景色だけではなく各部の色を変更ができます。

図は「作図ツールチップの背景」を黄色にして見やすくしているところです。

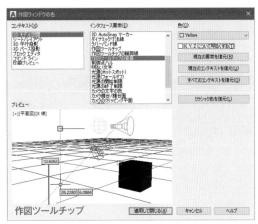

作図ツールチップ

「作図ウィンドウの色」ダイアログ

▶▶ レイアウトの要素

「レイアウトの要素」はレイアウトの画面に関する項目です。本書ではレイアウトについては線の太さの表示(214ページ)で使っただけです。レイアウトは本来は複数の縮尺の図面を混在させて印刷するときなどに使います。

```
レイアウトの要素
☑ [レイアウト]タブと[モデル]タブを表示(L)
☑ 印刷可能領域を表示(B)
☑ 背景に用紙を表示(K)
    ☑ 用紙の影を表示(E)
☐ 新規レイアウトに対して[ページ設定管理]を表示(G)
☑ 新規レイアウトにビューポートを作成(N)
```

▶▶ 表示解像度

「表示解像度」は円・円弧・ポリラインの曲線の
見え方をコントロールします。数値を大きくする
ほど滑らかに表示されますが、再作図・ズーム・
スクロールの時間が長くなります。しかしパソコ
ンの性能が上がっているので無理に小さな数値に
する必要はありません。

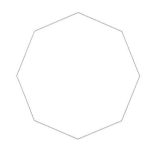

	1000	円弧と円の滑らかさ(A)
	8	ポリライン カーブのセグメント(V)
	0.5	レンダリング オブジェクトの滑らかさ(J)
	4	サーフェスを表現する輪郭線の数(O)

表示解像度

このマークは[現在の図面](216ページの図参照)だけに有効な
オプション項目

「円弧と円の滑らかさ」は＜1＞〜＜20000＞で
デフォルト値は＜1000＞です。この数値を変える
と画面での表示が変わりますが印刷の品質は変わ
りません。たとえば＜10＞にすると円が正多角形
で表示されますが印刷すると円になります。

「ポリラインカーブのセグメント」は＜−32768＞
〜＜32767＞でデフォルト値は＜8＞です。数値
を変えると曲線の形が変わり、その曲線の形で印
刷されます。

ただし表示解像度はパソコンのグラフィック性
能（ビデオカード）に影響されます。もし「円弧と
円の滑らかさ」を＜10＞にしても円がなめらかに
表示されるならそれはビデオカードのおかげです。

「円弧と円の滑らかさ」を10にしたときの円

One Point

「オプション」ダイアログで設定を変え［適用］をクリック
しても変化がないことがあります。そんなときは作図
ウィンドウで＜regen＞を入力してください。「regen」
は「再作図」コマンドです。

▶▶ クロスヘアカーソルのサイズ

クロスヘアカーソル（本書ではカーソルと呼ぶ）
のサイズは＜5＞がデフォルトで本書もこのまま
使っています。サイズを＜100＞にすると画面
いっぱいにひろがりカーソルの位置が明確になり
ます。もしカーソルを見失うことが頻繁にあるよ
うでしたら「サイズ=100」を試してください。

クロスヘア カーソルのサイズ(Z)

5

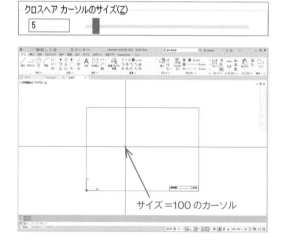

サイズ＝100 のカーソル

7.2.4 ［開く／保存］タブ

［開く／保存］タブにはデータファイルに関する各種のオプション項目があります。

「オプション」ダイアログの［開く／保存］タブ

▶▶ ファイルの保存

「ファイルの保存」にはファイルの保存の基本的な項目があります。

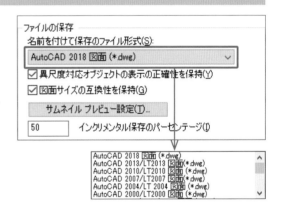

▸ 名前を付けて保存のファイル形式

データファイルの保存で常に古いバージョンで保存したいとき「名前を付けて保存のファイル形式」であらかじめ、その古いファイル形式を選択しておくと保存のたびにファイル形式を指定する必要がなくなります。

なおここでの保存のコマンドは【上書き保存】と【名前を付けて保存】の両方です。

▸ 異尺度対応オブジェクトの表示の正確性を保持

異尺度対応オブジェクトはAutoCAD 2008からの機能です。このため異尺度対応オブジェクトを使った図面をAutoCAD 2007以前のバージョンで開くと縮尺ごとの図形がすべて現れるという、厄介なことが起こります。これを避けたいときは「異尺度対応オブジェクトの表示の正確性を保持」をオフにします。しかしレイアウトでの表示が元図面と異なることになります。

AutoCAD 2007以前のバージョンでファイルを開くことがないならばこの項目をオンにします。

➤ 図面サイズの互換性を保持

AutoCAD 2009以前のバージョンでは1オブジェクトは256MB（圧縮前）以下でなければならないという制限がありますがAutoCAD 2010からこの制限が無くなりました。しかし「図面サイズの互換性を保持」をオンにすると以前と同じ制限が働きます。

256MB以上のオブジェクトを建築図面で使うとは思えないし、仮にあったとしても256MB未満に分割すればよいので「図面サイズの互換性を保持」をオンにしても問題ありません。

➤ インクリメンタル保存のパーセンテージ

データサイズが大きくなると保存するための時間が長くなります。多少のデータファイルの無駄があっても保存時間を短縮させたいときはインクリメンタル保存のパーセンテージの数値を大きくします。たとえば50%にすると無駄が50%に達するまではインクリメンタル保存し、50%になると完全保存します。なお0%は常に完全保存するという設定です。

➤ [サムネイルプレビュー設定] ボタン

図面を開くときその図面の内容がある程度わかるようにサムネイルプレビューがあります。このサムネイルプレビューをデータを保存するたびに更新するかなどを設定します。図のような設定項目がありますがこの設定を変更する必要はありません。

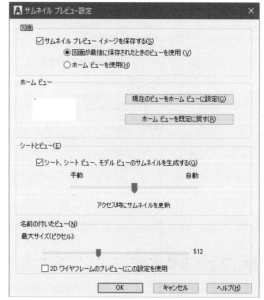

「サムネイルプレビュー設定」ダイアログ

▶▶ ファイルの安全確保

どんなソフトでも完全ではなく、入力中にプログラムが終了してしまったり、保存したファイルが壊れて読み込めなくなることがあります。そんな思わぬ事態にも被害を少なくするために「ファイルの安全確保」があります。

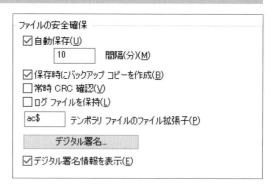

➤ 自動保存

「自動保存」は指定した時間が経過すると自動的にデータを保存してくれる機能です。保存される位置は「ファイル」タブの「自動保存ファイルの位置」を見ると分かります。

自動保存は指定した時間がたつと「sv$」という拡張子のついたファイル名で保存されます。たとえば「abc.dwg」なら「abc○○○○.sv$」というファイル名で、「○○○○」はランダムな文字列です。何らかの理由でパソコンがクラッシュしてAutoCADが強制終了したときなどに、この自動保存されたファイルの拡張子「sv$」を「dwg」に変更してデータを復活させます。

なおクラッシュなども起きず、ファイルが正常に保存されると自動保存のファイルは削除されます。

↠ 保存時にバックアップコピーを作成

「保存時にバックアップコピーを作成」にチェックを入れるとデータファイルを保存するたびに、前に保存したファイルがバックアップファイルに変わります。保存される位置はデータファイルと同じフォルダーで拡張子は「bak」です。この拡張子を「dwg」に変えるとAutoCADで開けます。

↠ ログファイルを保持

「ログファイルを保持」にチェックを入れるとAutoCADで操作した記録がテキストファイルとして保存されます。設計チームのメンバーごとのジョブ管理をするときなどに用います。拡張子は「log」です。

↠ デジタル署名

「デジタル署名」は図面ファイルを誰がいつ作成したか、そして改竄されていないかを「デジタル署名」を用いて証明するものです。デジタル署名はデジタル署名発行会社（認証局と呼ぶ）のサービスを購入して利用するもので、AutoCADの機能ではありません。

▶▶ 「ファイルを開く」と「アプリケーションメニュー」

↠ 最近使用したファイルの一覧に表示する数

最近開いたファイルの名前がメニューバーの【ファイル】メニューに表示されます。しかしメニューバーそのものを使わなくなったのでこの項目の意味がなくなりました。その代わり「アプリケーションメニュー」にファイル名が表示されます。

↠ タイトルバーに絶対パスを表示

「タイトルバーに絶対パスを表示」にチェックを入れるとタイトルバーにファイル名だけでなくフォルダ名も表示されます。

One Point

AutoCADではメニューバーを使わないのが普通ですが、何らかの理由でメニューバーを表示させたいことがあるかもしれないので、メニューバーを表示させる手順を紹介します。

❶ クイックアクセスツールバーの右側にある［クイックアクセスツールバーをカスタマイズ］をクリックする
❷ カスタマイズのメニューが表示されるので【メニューバーを表示】をクリックする

表示させたメニューバーを非表示にしたいときは同じくカスタマイズのメニューで【メニューバーを非表示】をクリックしてください。

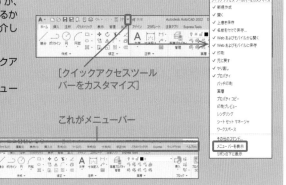

［クイックアクセスツールバーをカスタマイズ］

これがメニューバー

［印刷とパブリッシュ］タブ

「オプション」ダイアログの［印刷とパブリッシュ］タブには印刷とファイル出力に関する各種の設定項目があります。

「オプション」ダイアログの［印刷とパブリッシュ］タブ

▶▶ 新規図面の既定の印刷設定

「既定の出力デバイスを使用」と「正常に印刷された最後の印刷設定を使用」のどちらかを選択します。これは使用状況によって便利なほうを選びます。

［プロッタを追加または環境設定］をクリックすることは【プロッタ管理】ツール（［出力］タブの［印刷］パネルにある）をクリックしたのと同じです。

▶▶ ファイルへ出力

印刷は紙に出力するだけでなくPDFのようにファイルに出力することもあります。ここではファイルへ出力（保存）するときの既定（デフォルト）のフォルダを指定できます。

▶▶ バックグラウンド処理のオプション

図面の作成中に印刷したりPDFファイル/DWFファイルに変換（パブリッシュという）をするとき、長時間待つようならバックグラウンドで処理をさせます。

▶▶ 自動パブリッシュ

ファイルを保存したり閉じるときに同時にDWFファイルなどを作成するなら「自動パブリッシュ」をオンにします。[自動パブリッシュ設定]をクリックするとファイルの種類や保存場所などを設定できます。

```
┌ 自動パブリッシュ ──────────────────────
│ □ 自動パブリッシュ(M)
│       ┌──────────────────────────────┐
│       │      自動パブリッシュ設定(O)...      │
│       └──────────────────────────────┘
```

▶▶ 一般的な印刷オプション

```
┌ 一般的な印刷オプション ──────────────────────
│ 印刷デバイス変更時:
│     ● 可能な場合はレイアウト用紙サイズを保持(K)
│     ○ 印刷デバイスの用紙サイズを使用(Z)
│ システム プリンタ スプールの警告(R):
│ ┌──────────────────────────────────┬──┐
│ │ 常に警告 (および エラーをログ)              │ ⌄ │
│ └──────────────────────────────────┴──┘
│ OLE の印刷品質(Q):
│ ┌──────────────────────────────────┬──┐
│ │ 自動選択                                 │ ⌄ │
│ └──────────────────────────────────┴──┘
│ 🗔 □ OLE オブジェクトの印刷に OLE アプリケーションを使用(U)
│
│ □ システム プリンタを非表示(H)
```

▶ 印刷デバイス変更時

印刷デバイス変更時の「可能な場合はレイアウト用紙サイズを保持」とはプリンタ/プロッタを変えたときレイアウトで設定した用紙サイズがあれば合わせるという意味です。なお印刷デバイスとは「印刷用の機器」という意味です。

▶ システムプリンタを非表示

「システムプリンタを非表示」はプロッタ/プリンタの数が多くて「印刷」ダイアログ、「ページ設定」ダイアログでリストが長くなるときにオンにします。システムプリンタでも【プロッタを追加】コマンドで登録したシステムプリンタは非表示になりません。

▶ OLEの印刷品質

「OLEの印刷品質」ではOLEのデフォルトの印刷品質を設定します。OLEにはテキスト・表・グラフ・画像・写真など種々のものがあります。個々のOLEにそれぞれ適した印刷品質を設定できますが、普通は「自動選択」にしておきます。

```
┌────────────────────────────────────┐
│ 白黒 (スプレッドシートなど)                    │
│ グラフィックス (色の付いた文字、円グラフなど)      │
│ 高品質グラフィックス (写真など)                 │
│ 自動選択                                    │
└────────────────────────────────────┘
```
OLEの印刷品質

One Point

OLE (Object Linking and Embedding : オブジェクトのリンクと埋め込み) とはWindowsの機能でソフト間でオブジェクトをやり取りする仕組みです。たとえばExcelで作った表をAutoCADに取り込むといったことです。

▶▶ 印刷オフセットの基準

用紙の中央に(あるいはオフセットさせて)印刷するときの基準を設定します。すなわちどこの中央かの設定です。一般には「印刷可能範囲」と「用紙のエッジ」のどちらを選んでも同じです。

▶▶ [印刷スタンプ設定] ボタン

　印刷スタンプとは日時や用紙サイズなどを用紙の端部（デフォルトは左下）に印刷することです。印刷スタンプの内容は [印刷スタンプ設定] ボタンをクリックして設定できます。

　印刷スタンプを使用するには「印刷-モデル」ダイアログ（211ページ）で「印刷スタンプオン」にチェックを入れます。

チェックを入れた項目が印刷
スタンプに表示される

2021/07/08 10:48:26, Adobe PDF, A3, 1:50, 部外秘, チェック用

印刷スタンプの例

印刷スタンプの位置やフォント
をここで設定する

加えたい文字列を登録する

▶▶ [印刷スタイル テーブル設定] ボタン

　[印刷スタイル テーブル設定] ボタンをクリックすると「印刷スタイル テーブル設定」ダイアログが表示され既定の印刷スタイルテーブルを設定できます。

　印刷スタイルテーブルの編集もできますが画層で印刷結果をコントロールするほうが簡単で確実です。

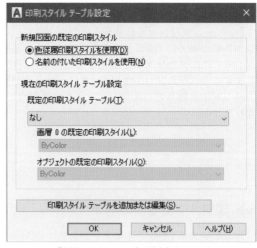

「印刷スタイル テーブル設定」ダイアログ

「オプション」ダイアログの［システム］タブはAutoCADの基本的な設定をしますが、普通はデフォルトのままで支障ありません。

「オプション」ダイアログの［システム］タブ

▶▶ ハードウェア アクセラレーション

画面の表示に使われているハードウェアに関する設定をします。

▶ グラフィックス パフォーマンス

「グラフィックス パフォーマンス」ではグラフィックス用ハードウェアの調整をします。内容は使用しているパソコンやグラフィックスボードによって異なります。

▶ 認証の更新を自動的にチェック

「認証」とは「グラフィックス製品がAutoCADに対応している」かの認証で、Autodesk社が審査/認証しています。

▶▶ 現在使用中のポインティングデバイス

ポインティングデバイスとは画面上で位置を指定するのに使う装置（デバイス）のことで、一般にはマウスです。AutoCADはマウスの他にタブレットあるいはデジタイザを使えます。そのときに、この項目が意味を持ちます。

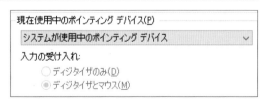

CHAPTER

7

Appendix

⤳ 長いシンボル名を使用

　現在のAutoCADは画層やブロックに255文字までの長い名前を付けられます。しかし昔のAutoCAD（R14以前）は31文字までしか使えないので昔のファイルに変換する予定があるなら長い名前を使わないようにします。このとき「長いシンボル名を使用」をオフにすれば長い名前を付けられなくなるので安全です。

7.2.7 ［基本設定］タブ

　［基本設定］タブはAutoCADの操作方法に関する設定をコントロールしますので、ビギナーにとっても重要な項目が並んでいます。

「オプション」ダイアログの［基本設定］タブ

▶▶ **Windows 標準処理**

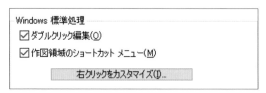

▸ ダブルクリック編集

ダブルクリック編集がオンになっていると図形、たとえばポリラインをダブルクリックすると【ポリライン編集】が起動します。専用の編集機能がない場合は［クイックプロパティ］が開きます。

▸ ［右クリックをカスタマイズ］ボタン

作図ウインドウで右クリックしたときの機能をコントロールします。［右クリックをカスタマイズ］ボタンをクリックしてダイアログを表示させて設定します。

「右クリックのカスタマイズ」ダイアログの「クリック時間に応じた右クリックの機能を有効にする」をオンにすると右クリックは［Enter］キー／［スペース］キーと同じ、少し長く右ボタンを押すとショートカットメニューが表示されるもので、大変に便利な機能です。本書でもこのオプションをオンにしています（28ページ）。

▸ 作図領域のショートカットメニュー

作図ウインドウでマウスを右クリックすると、メニュー（ショートカットメニューともいう）が表示されます。

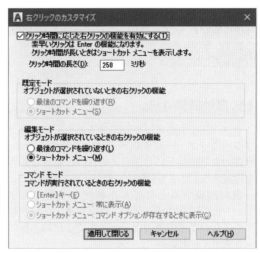

「右クリックのカスタマイズ」ダイアログ

▸▸ 挿入尺度

図面にブロックや図面を挿入するときの単位のデフォルトを設定します。普通は両方とも「ミリメートル」に設定します。

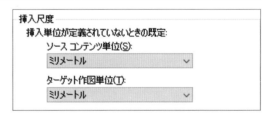

▸▸ フィールド

フィールドとはファイル名、ファイル保存日時、作成者などを図面中に記入するときに用います。たとえばファイル保存時として記入すると保存するたびに自動的に更新されます。

フィールドは【フィールド】ツール（［挿入］タブの［データ］パネルにある）で記入します。このときの文字サイズは異尺度対応が無効のため、たとえば縮尺1/50の図面で印刷実寸4mmの文字にしたいときは200mm（=4×50）の高さにします。

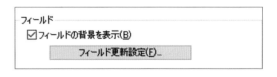

【フィールド】ツール

これがフィールド（自動更新される）

▶▶ 座標入力時の優先度

作図中にオブジェクトスナップの対象点にカーソルを近づけてクリックすると、自動的にその点にヒットします。しかし座標で点を指定したとき、その点がオブジェクトスナップの対象点に近いときにどうするか、座標を優先して座標のとおりにするか、オブジェクトスナップを優先して座標を無視するかを、この「座標入力時の優先度」で設定します。デフォルトは「スクリプト以外はキーボードを優先」です。

座標入力時の優先度
○ 定常オブジェクト スナップを優先(R)
○ キーボード入力を優先(K)
● スクリプト以外はキーボードを優先(X)

▶▶ 自動調整寸法

オブジェクトの寸法を記入するとき一般にはオブジェクトスナップを利かせて点を指定します。寸法の自動調整とは寸法記入のさいに指定した点を移動すると寸法も自動的に変わる機能です。

自動調整寸法とはどんな機能かを図示します。　自動調整寸法に関しては好き嫌いが分かれます。なお本書の練習用ファイルでは自動調整寸法を使っていません。

自動調整寸法
☑ 新しい自動調整寸法を作成(D)

「新しい自動調整寸法を作成」をオンにしたあと
記入した寸法は自動調整寸法になる

長方形の高さを変えると自動調整寸法が追従する
長方形を削除しても寸法は残る

One Point

寸法が自動調整寸法かそうでないかはプロパティパレットで分かりますがステータスバーにある【注釈モニター】をオンにすると自動調整寸法でない寸法には「!」マークが付くので分かります。

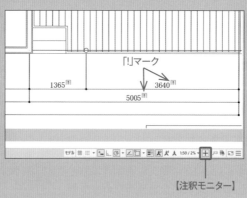

▶▶ 元に戻す/やり直し

　ここでは複数の連続した操作を1つの操作にまとめることをグループ化あるいは合成と呼んでいます。元に戻す/やり直しの項目は2つともオンにしたほうが使いやすくなります。

▶▶ [ブロック エディタ設定] ボタン

　[ブロック　エディタ設定] ボタンをクリックするとブロックエディタのアイコンの色や文字のフォントを変えられるダイアログが表示されます。なおブロックエディタは本書の範囲を超えるので取り上げていません。

▶▶ [線の太さを設定] ボタン

　[線の太さを設定] ボタンをクリックすると「線の太さを設定」ダイアログが開きます。本書で説明している線の太さの使い方をするなら、このダイアログはデフォルトのままでかまいません。

「線の太さを設定」ダイアログ

▶ 表示倍率を調整

　「表示倍率を調整」はモデル空間で線を太く表示させるときに用います。細い線も太い線も同じように太く表示されるのでデモなどのときに役立ちます。この機能を使うには [線の太さを表示] にチェックを入れます。なおここでの設定は画面表示だけのもので印刷に影響しません。

▶▶ [既定の尺度リスト] ボタン

　尺度リストはレイアウトのビューポートの縮尺設定と異尺度対応オブジェクトに用います。[追加] ボタンをクリックすると「尺度の追加」ダイアログが開き、尺度を追加できます。「1:200」や「1:500」がリストに無いのでここで追加しておくのもよいでしょう。
※追加しなくてもステータスバーの【注釈尺度】の右クリックメニューの【カスタム】で設定できるので困ることはありません。

「既定の尺度リスト」ダイアログ

7.2.8　［作図補助］タブ

　「オプション」ダイアログの［作図補助］タブでは、オブジェクトスナップのAutoSnap や極トラッキングのオプションなどを設定します。

「オプション」ダイアログの［作図補助］タブ

▶▶ AutoSnapの設定

　AutoSnapはオブジェクトスナップに関する設定です。グリッドのスナップに関するものではありません。

▶▶ マーカーを表示
　マーカーはオブジェクトスナップの種類によって表示される□や△といった印のことです。特別な理由が無いならマーカーを表示させます。マーカーの形はオブジェクトスナップの設定ダイアログでわかります。

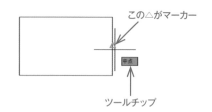

▶ AutoSnapツールチップを表示
　AutoSnapツールチップとは図でカーソルのそばに表示されている「中点」とか「端点」がそうで、オブジェクトスナップの種類を知らせてくれます。もしこの表示が煩わしければオフにします。

▶▶ 自動吸着

　自動吸着をオンにすると、オブジェクトスナップの対象点近くにカーソルを近づけるとカーソルがその点に引っ張られます。自動吸着をオフにするとカーソルは引き寄せられることが無いのでスムースに動きます。オン／オフのどちらでもオブジェクトスナップの機能は同じですし、感触の違いは微妙ですので、実際に試して選択してください。

▶▶ ［色］ボタン

　［色］ボタンはマーカーの色を変えたいときに使います。

▶▶ AutoSnapターゲットボックスを表示

　ターゲットボックスはコマンド実行中にカーソルの中心に表示される□のことです。この□の内側に対象点が入るとヒットします。ターゲットボックスは表示させないのが普通です。
　なおコマンドを実行していないときに現われる□はピックボックスといいオブジェクトの選択に用います。

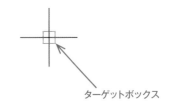

ターゲットボックス

▶▶ AutoSnap　マーカーのサイズ

　マーカーのサイズを変えられます。

▶▶ オブジェクト スナップ オプション

　オブジェクトスナップオプションに4項目ありますが後半の2項目は3D用なので説明を省略します。

オブジェクト スナップ オプション
☑ ハッチング オブジェクトを無視(I)
☑ 寸法補助線を無視(X)
☑ ダイナミック UCS に対する負の Z 値のオブジェクト スナップを無視(O)
☐ Z 値を現在の高度に変更(R)

▶▶ ハッチング オブジェクトを無視

　ハッチングには多数の線分があります。このためオブジェクトスナップの対象点も多数ありますが、ハッチングにスナップさせることは稀なので「ハッチング オブジェクトを無視」をオンにするのが普通です。

▶▶ 寸法補助線を無視

　寸法補助線の端点は寸法の起点から離れた位置にあるのでオブジェクトスナップさせる意味がありません。このため普通は「寸法補助線を無視」をオンにします。

▶▶ Auto Trackの設定

AutoTrackとは「極トラッキング」と「オブジェクト スナップ トラッキング」のことです。各項目の意味を図示します。

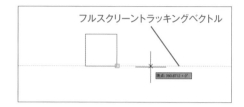

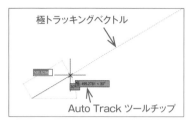

▶▶ 位置合わせ点の取得

「位置合わせ点の取得」は [オブジェクト スナップ トラッキング] に関するオプションです。「位置合わせ点」とは基点のことで、取得が「自動」になっているとカーソルを点に合わせて一呼吸待つだけで基点になります。「[Shift] で取得」にすると [Shift] キーを押したときだけ基点にできるので確実性が増します。

▶▶ ターゲット ボックス サイズ

ターゲット ボックス サイズではオブジェクト スナップ使用時に対象点にカーソルをどのくらい近づければヒットするかを指定できます。スライダーを右に動かすほどボックスサイズが大きくなり、サイズは1ピクセル〜 50ピクセルの範囲です。なおこのサイズ（ヒット範囲）はAutoSnap ターゲット ボックスの表示/非表示に関わりなく有効です。

▶▶ [作図ツールチップの設定] ボタン

[作図ツールチップの設定] ボタンをクリックすると「ツールチップの外観」ダイアログが表示されツールチップの色やサイズを設定できます。

このダイアログで作図ツールチップの外観を変えられる

7.2.9　［選択］タブ

「オプション」ダイアログの［選択］タブにはオブジェクトの選択に関するオプションの項目があります。

「オプション」ダイアログの［選択］タブ

▶▶ ピックボックス サイズ

オブジェクトを選択する時のカーソル中央の□のサイズを変えられます。

▶▶ 選択モード

選択モードには重要な項目が含まれています。

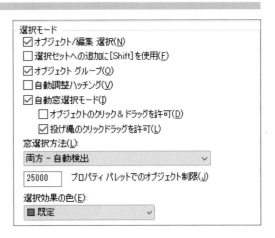

▸ オブジェクト／編集　選択

AutoCADはコマンドを起動してから対象オブジェクトを指定する方法と、先にオブジェクトを選択してからコマンドを起動する方法のどちらを使ってもよいという特徴があります。

しかし「オブジェクト／編集　選択」のチェックを外すとコマンドを先に起動させる方法しか使えなくなります。わざわざ機能を減らすことはないので「オブジェクト／編集　選択」は常にオンにしておくことをお勧めします。

▸ 選択セットへの追加に [Shift] を使用

「選択セットへの追加に [Shift] を使用」がオフの状態がAutoCADの標準です。この設定で、オブジェクトをクリックして選択したあと、2つ目のオブジェクトをクリックすれば追加選択できます。そして [Esc] キーで選択解除します。

そして選択されているオブジェクトを [Shift] キーを押しながらクリックすると、そのオブジェクトだけ選択解除されます。

「選択セットへの追加に [Shift] を使用」をオンにするとMacintoshの標準操作法のように、2つ以上のオブジェクトを選択するときは [Shift] キーを押しながらクリックします。オブジェクトのないところをクリックするだけで選択解除できます。

▸ オブジェクトグループ

「オブジェクトグループ」をオンにしておけばオブジェクトの1つをクリックすればグループ全体を選択できます。

「オブジェクトグループ」をオフにするとクリックしたオブジェクトだけが選択され、編集もできます。グループの中のオブジェクトを編集したいときに「オブジェクトグループ」をオフにして操作します。しかしグループの中のオブジェクトを編集できるとなるとグループにする意味が薄れます。

▸ 自動調整ハッチング

「自動調整ハッチング」をオンにすると自動調整ハッチングをクリックすると境界オブジェクトも同時に選択できます。

▸ 自動窓選択モード

デフォルト設定ではクリック→クリックが長方形の範囲、プレス（ボタンを押す）→ドラッグが投げ縄の範囲指定になりました。

「自動窓選択モード」をオフにすると範囲指定での選択ができなくなり、個々のオブジェクトをクリックで選択するだけになります。

One Point

AutoCAD 2015から投げ縄で範囲指定ができます。投げ縄とはドラッグで囲むことですが、ドラッグ中に [スペース] キーを押すと「窓選択」→「交差選択」→「交差フェンス」→「窓選択」とモードが循環します。図は「窓選択」モードです。

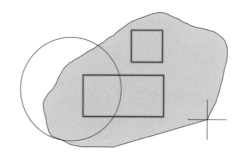

投げ縄選択

One Point

昔のAutoCADのようにクリック→クリックとドラッグのどちらでも長方形選択したいということなら「オブジェクトのクリック＆ドラッグを許可」をオン、「投げ縄のクリックドラッグを許可」をオフにしてください。

▸ プロパティパレットでのオブジェクト制限

プロパティパレットで一度に選択し変更できるオブジェクトの最大数を設定できます。

▸▸ リボン オプション

ハッチングやマルチテキストなどのように選択するとリボンに編集用のタブが開くことがあります。このようなタブをコンテキストタブと呼びます。このコンテキストタブに関する設定をここで行います。

リボン オプション
コンテキスト タブの状態(A)...

▶▶ グリップ サイズ

オブジェクトを選択したときオブジェクトの周囲に現れるグリップのサイズを変えられます。

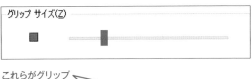

これらがグリップ

▶▶ グリップ

本書ではグリップについてほとんど触れていないので説明を省略します。デフォルト設定のままで問題ありません。

▶▶ プレビュー

▶ 選択のプレビュー

「選択のプレビュー」とはカーソルがオブジェクトのそばに近づくとオブジェクトがハイライト表示（強調表示）する機能です。狙ったオブジェクトを確実に選択するのに役立ちます。

▶ コマンドのプレビュー

コマンドの実行結果をプレビューとして表示する機能です。

▶ ［視覚効果の設定］ボタン

「視覚効果の設定」ダイアログが開きハイライト表示の方法と範囲指定（窓選択と交差選択）の色と透明度を設定できます。さらにプレビューを表示しないオブジェクトを設定できます。

▶ プロパティのプレビュー

プロパティ（色とか線種など）を変える操作の結果をプレビューとして表示する機能です。

7.2.10 [プロファイル] タブ

「オプション」ダイアログで設定した内容すなわち「プロファイル」を保存できます。このプロファイルを設計チームで共有すれば同じ製図環境を実現できます。

「オプション」ダイアログのどこかで設定を間違えたと思ったときは [リセット] ボタンをクリックします。これで全ての設定がデフォルトに戻り、最初からやり直せます。

「オプション」ダイアログの [プロファイル] タブ

索　引

◆ 著者略歴

鳥谷部 真（Toyabe Makoto）
1946年生まれ。東京工業大学建築学科卒業。
一級建築士。
著書：『7日でおぼえるAutoCAD』
　　　『建築CAD検定試験公式ガイドブック』
　　　『form・Z+bonzai3Dオフィシャルトレーニングブック』
　　　『AutoCADで3D攻略読本』
　　　（以上、エクスナレッジ刊）など多数

AutoCADで学ぶ建築製図の基本　AutoCAD 2022 対応

2021年10月4日 初版第1刷発行
2023年9月25日　　第2刷発行

著　者　　鳥谷部 真

発行者　　澤井 聖一
発行所　　株式会社エクスナレッジ
　　　　　〒106-0032　東京都港区六本木7-2-26
　　　　　https://www.xknowledge.co.jp/

編　集　Tel 03-3403-5898／Fax 03-3403-0582／info@xknowledge.co.jp
販　売　Tel 03-3403-1321／Fax 03-3403-1829

[本書記事内容に関するご質問について]
本書記事内容についてのご質問は電話では受付／回答できません。FAX質問シート（208ページ）をご利用ください。

[無断転載の禁止]
本誌掲載記事（本文、図表、イラストなど）を当社および著作権者の承諾なしに無断で転載（翻訳、複写、データベースへの入力、インターネットでの掲載など）することを禁じます。